Haga usted mismo
25 nuevos modelos de estanterías

J. Vilargunter Muñoz

HAGA USTED MISMO 25 NUEVOS MODELOS DE ESTANTERÍAS

A pesar de haber puesto el máximo cuidado en la redacción de esta obra, el autor o el editor no pueden en modo alguno responsabilizarse por las informaciones (fórmulas, recetas, técnicas, etc.) vertidas en el texto. Se aconseja, en el caso de problemas específicos —a menudo únicos— de cada lector en particular, que se consulte con una persona cualificada para obtener las informaciones más completas, más exactas y lo más actualizadas posible. EDITORIAL DE VECCHI, S. A. U.

© Editorial De Vecchi, S. A. 2018
© [2018] Confidential Concepts International Ltd., Ireland
Subsidiary company of Confidential Concepts Inc, USA
ISBN: 978-1-68325-853-7

El Código Penal vigente dispone: «Será castigado con la pena de prisión de seis meses a dos años o de multa de seis a veinticuatro meses quien, con ánimo de lucro y en perjuicio de tercero, reproduzca, plagie, distribuya o comunique públicamente, en todo o en parte, una obra literaria, artística o científica, o su transformación, interpretación o ejecución artística fijada en cualquier tipo de soporte o comunicada a través de cualquier medio, sin la autorización de los titulares de los correspondientes derechos de propiedad intelectual o de sus cesionarios. La misma pena se impondrá a quien intencionadamente importe, exporte o almacene ejemplares de dichas obras o producciones o ejecuciones sin la referida autorización». (Artículo 270)

ÍNDICE

INTRODUCCIÓN	7
INSTALACIONES Y EQUIPO NECESARIO	9
El taller	9
— Planificación del taller	9
— El banco de trabajo	10
— El almacenamiento de los materiales	13
— Dónde guardar las herramientas	13
— El botiquín y el extintor	13
— El aspirador	13
El equipo necesario	13
— Instrumentos para medir y trazar	14
— Herramientas manuales	15
— Maquinaria portátil	20
— Maquinaria estacionaria de uso semiprofesional	35
— Accesorios y materiales complementarios	40
MATERIALES EMPLEADOS EN LA CONSTRUCCIÓN DE ESTANTERÍAS	47
La madera maciza	47
— Selección de la madera maciza	47
— Características de la madera maciza	47
— Nudos y defectos de la madera maciza	47
— Escuadrías	48
Maderas adecuadas para la construcción de estanterías	51
— Abeto	51
— Haya	52
— Pino	52
— Roble	52

ÍNDICE

Materiales prefabricados	52
— El aglomerado	53
— El tablero aglomerado rechapado	53
— El tablero contrachapado	53
— Los tableros de densidad media o DM	54
— El tablero de fibras	54
— El tablero alistonado	55
— Los paneles laminados encolados	55
— Los tableros melamínicos	55
— Los tableros de alma maciza	55
— Las chapas	55
TÉCNICAS BÁSICAS PARA LA CONSTRUCCIÓN DE ESTANTERÍAS	57
Uniones desmontables	57
— Unión mediante tornillos de ensamblaje Allen	57
— Acabado de los cantos	57
— Aplacado de los cantos	58
Obtención de la madera cepillada y escuadrada	59
— Proceso de escuadrado de una pieza de madera mediante maquinaria portátil	59
— Acoplamientos de piezas	59
Acabados de la madera	64
— Pulido	64
— Barnizado	64
— Encerado	68
— Teñido	69
— Aplicación de lacas o pinturas	70
— Barnices y selladoras de base acuosa	72
INSTRUCCIONES Y MONTAJE	73
Planificación de estanterías	73
— Algunos consejos	74
Aspectos básicos en la construcción de estanterías	76
Primer proyecto avanzado	78
Segundo proyecto avanzado	89
Tercer proyecto avanzado	99
Estanterías para colgar	111
Estanterías de pared	119
Estanterías para esquina	143
Estanterías especiales	148

INTRODUCCIÓN

Es muy posible que las primeras estanterías aparecieran en la Edad Media, concretamente en el área de dominio bizantino, y se instalaran dentro de los armarios donde se guardaba la ropa y demás enseres. Se conservan muy pocos vestigios, ya que en aquella época se preferían los muebles fácilmente transportables, como el arca, o los que formaban parte de las paredes o de la estructura de los edificios. Fue a partir del siglo XVIII cuando las librerías se popularizaron entre las clases acomodadas, pues las empleaban para exponer sus colecciones de libros y antigüedades.

La construcción de estanterías o de librerías es uno de los trabajos más recomendables para iniciarse en el bricolaje de la madera a causa de su sencillez. Si además le gusta dedicar su tiempo libre a construir un mueble con sus propias manos y que satisfaga, además, sus exigencias de comodidad, este breve manual le será de gran utilidad, pues le permitirá disponer de unos modelos con los que obtener excelentes resultados.

A lo largo de estas páginas, el lector encontrará numerosos modelos de estantería para cuya realización tan sólo deben emplearse los materiales, las herramientas manuales y la maquinaria portátil más corrientes y accesibles.

Aunque en principio esta obra ha sido planteada como continuación y ampliación del libro *Haga usted mismo 25 modelos de estanterías*, todos los proyectos pueden construirse siguiendo las indicaciones técnicas que los acompañan.

No obstante, por razones de espacio se ha prescindido de la exposición de las técnicas y conocimientos básicos que figuraban en el libro anterior.

La materia se ha dividido en varios capítulos para facilitar su comprensión.

En el primero se indican y recomiendan las herramientas y la maquinaria portátil que pueden em-

INTRODUCCIÓN

plearse en la construcción de estanterías.

En el segundo se presentan los diversos materiales que se utilizan en carpintería.

En el tercero se exponen las técnicas de montaje y de acabado.

En el cuarto se desarrollan tres proyectos de estanterías de cierta complejidad en donde se describen técnicas avanzadas de ebanistería que servirán de ejemplo para desarrollar los veintidós modelos restantes.

Esperamos que la construcción de cualquiera de las nuevas estanterías que presentamos depare grandes satisfacciones.

INSTALACIONES Y EQUIPO NECESARIO

La práctica del bricolaje requiere el uso de unas instalaciones que cumplan con unos requisitos mínimos.

Ante todo, habrá que procurar que el espacio de trabajo permita desenvolverse con comodidad. Debe tenerse en cuenta que la maquinaria que suele emplearse en estos casos produce mucho ruido, serrín, virutas y polvo, y hay que manejar en ocasiones materiales voluminosos, por lo que convendrá escoger una dependencia alejada de la zona principal de la casa o, si fuese posible, habilitar un garaje o un taller, que deberán estar bien iluminados y ventilados.

El taller

Planificación del taller

La distribución adecuada del taller ha de prever la colocación de mesas y superficies de trabajo donde se dejarán la maquinaria estacionaria y la portátil.

Antes de comenzar a trabajar, lo mejor será dibujar un croquis a escala sobre papel milimetrado del espacio disponible y distribuir sobre la planta los elementos que componen el taller, de manera que quede espacio suficiente entre la maquinaria, el banco de trabajo y el almacén para moverse con facilidad (fig. 1).

La maquinaria portátil y estacionaria es uno de los elementos más importantes del taller. En líneas generales, habrá que preparar un lugar donde colocar —o, en su caso, guardar— la sierra de cinta de sobremesa, el taladro acoplado al soporte de columna, el torno, el cepillo eléctrico de banco y la electroafiladora. Las mesas y superficies de apoyo serán de mucha utilidad.

Si no es posible disponer de un espacio lo suficientemente grande para la instalación de la maquinaria semiprofesional que se recomienda, o no se puede o no se quiere gastar dinero en maquinaria que vaya a utilizarse esporádicamente, se puede

INSTALACIONES Y EQUIPO NECESARIO

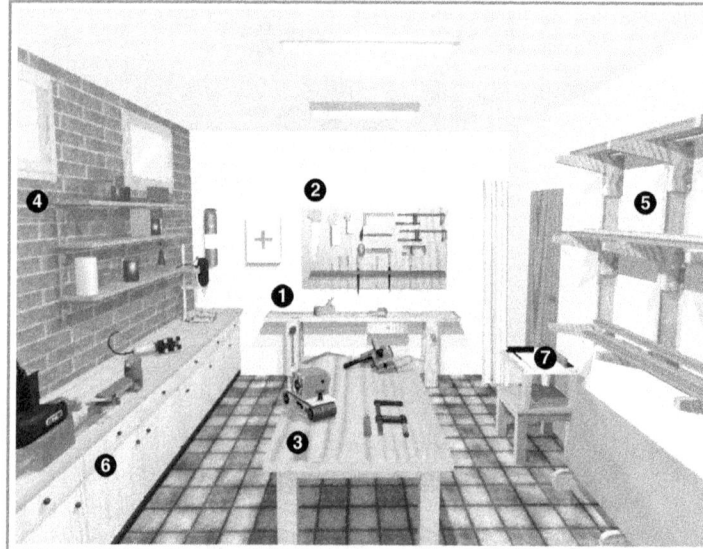

Fig. 1. Elementos de un taller:
1. banco de carpintero;
2. panel para herramientas;
3. mesa de montaje;
4. estantería de barras graduables;
5. estantería para materiales;
6. armarios bajos;
7. mesa estacionaria para acoplar la maquinaria

recurrir a la adquisición de madera cortada a medida, en la mayoría de los casos ya labrada y escuadrada.

El banco de trabajo

En el caso de que se desee practicar esta afición con cierta asiduidad, habrá que disponer de un banco de carpintero o una mesa de trabajo lo suficientemente robustos como para soportar el esfuerzo realizado en operaciones tan corrientes como el corte, cepillado, taladrado y montaje de los muebles.

El banco de trabajo deberá hallarse en la zona del taller que mejor iluminación disponga (natural a ser posible). El elemento fundamental del banco de carpintero es la prensa o mordaza vertical donde se sujetan las piezas que van a trabajarse.

En el banco de trabajo se pueden guardar herramientas para tenerlas al alcance de la mano.

Los bancos de bricolaje

Aunque disponer de un banco de carpintero profesional sería lo ideal, existen en el mercado bancos para aficionados, sencillos, económicos y de dimensiones más reducidas que cumplen perfectamente con los requisitos necesarios para realizar un buen trabajo.

Algunos bancos incorporan en su diseño una prensa horizontal que cumple la misma función de sujeción. Para que sea cómodo, su altura (que por lo general oscila entre los 85 y 90 cm) debe ser proporcionada a la estatura de la persona que va a utilizarlo (fig. 2).

INSTALACIONES Y EQUIPO NECESARIO

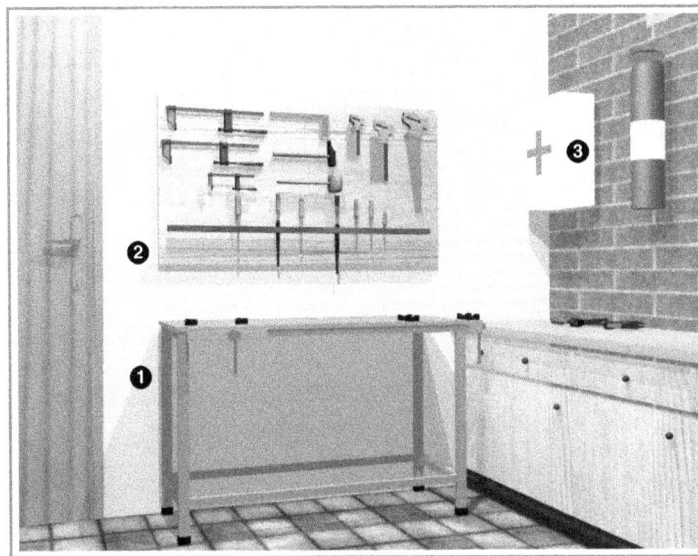

Fig. 2. Vista del taller:
1. banco de bricolaje de estructura metálica con plataforma de madera y dos prensas;
2. panel para colgar herramientas;
3. botiquín y extintor

En el caso de que se disponga de un espacio limitado, puede adquirirse un banco plegable con mordazas integradas y accionadas mediante un tornillo. Están fabricados en general con una solidez y estabilidad suficientes para la mayoría de trabajos, además de poder guardarse fácilmente en poco espacio una vez plegado (fig. 3).

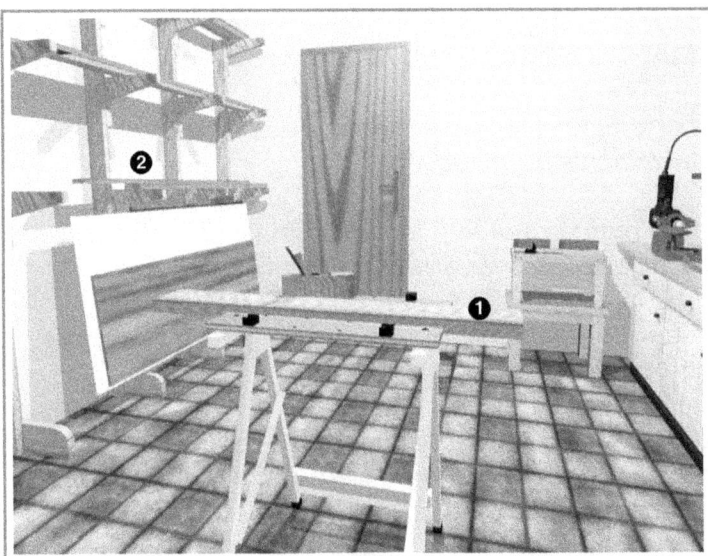

Fig. 3. Vista del taller:
1. banco de trabajo de bricolaje plegable;
2. estantería de madera para materiales

INSTALACIONES Y EQUIPO NECESARIO

Incluso un tablero montado sobre dos caballetes y sujeto a ellos mediante gatos de apriete puede ser suficiente como superficie de trabajo.

También unos tornillos de apriete o de sujeción pueden ser suficientes para fijar las piezas en caso de carecer de banco o de plataforma de trabajo (fig. 4).

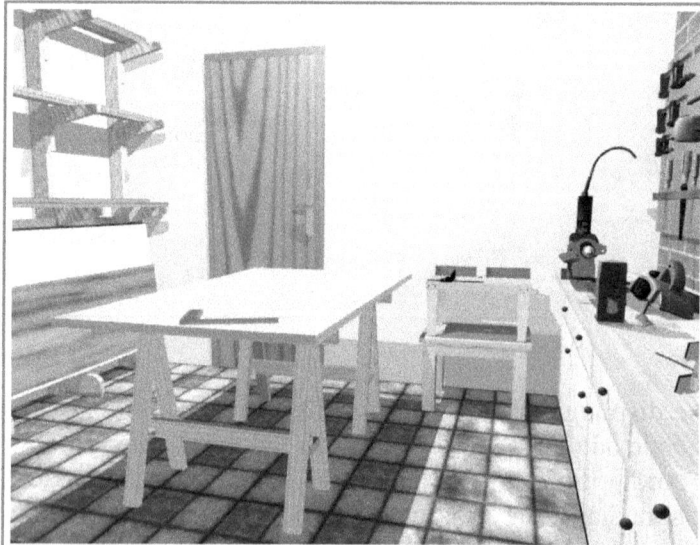

Fig. 4. Superficie de trabajo soportada por caballetes

CONSEJOS PARA MANTENER ORDENADO EL BANCO DE TRABAJO

✔ *La plataforma debe estar limpia de restos de cola seca, ya que pueden rayar las superficies barnizadas.*

✔ *No hay que clavar nunca puntas y tornillos sobre la plataforma, pues pueden provocar arañazos y cortes en las manos.*

✔ *El suelo tiene que mantenerse limpio para evitar tropiezos o resbalones que puedan causar accidentes.*

✔ *El tornillo de la prensa debe limpiarse con un cepillo metálico y engrasarse periódicamente con aceite mineral para que gire libremente, sin rozamientos.*

INSTALACIONES Y EQUIPO NECESARIO

El almacenamiento de los materiales

En el taller debemos prever un espacio donde almacenar los materiales y la madera maciza, de forma que los retales y piezas cortas estén ordenados y sean localizables a simple vista.

Habrá que disponer también de armarios o estanterías donde colocar ordenadamente herramientas manuales, así como cajas compartimentadas para guardar puntas y tornillos según sus tamaños y grosores.

Las colas y barnices son inflamables y deberán almacenarse con las debidas precauciones.

Dónde guardar las herramientas

Los antiguos carpinteros guardaban sus herramientas amontonadas en un arcón, lo cual no era muy adecuado. Para trabajar con comodidad es necesario disponer las herramientas de forma ordenada y accesible. Aunque un armario de pared es muy útil, también puede utilizarse un panel de contrachapado sujeto a la pared donde se cuelgan las herramientas de forma que queden a la vista y al alcance de la mano.

Las dimensiones del panel se adaptarán al espacio disponible en el taller así como a la cantidad, el tipo y el tamaño de las herramientas.

Las estanterías soportadas por sistemas de barras graduables, en cambio, permiten modificar la altura de los estantes de forma fácil y rápida.

Las estanterías con carriles perforados permiten mover los estantes a diversos niveles sin dificultad, y su construcción y montaje son muy sencillos.

Los carriles perforados pueden adquirirse a la medida y se atornillan a la pared mediante tacos. Para montar los soportes basta con encajarlos en los orificios de los carriles a la altura deseada.

El botiquín y el extintor

Son elementos complementarios pero imprescindibles en cualquier taller. Deben estar en un lugar accesible y a la vista. En el botiquín hay que guardar todo lo necesario para curar cortes y heridas leves.

El aspirador

El aspirador de polvo permite trabajar con más comodidad, ya que evita las acumulaciones de serrín, polvo y virutas, y mejora las condiciones de seguridad e higiene en el taller.

Se activa al ponerse en marcha la máquina a la que está conectado e incluso puede utilizarse con dos aparatos al mismo tiempo (fig. 5).

El equipo necesario

Además de disponer de un espacio para trabajar, es necesario tener un equipo adecuado. A continuación, se

INSTALACIONES Y EQUIPO NECESARIO

Fig. 5. Aspirador

da un repaso a las herramientas indispensables.

Instrumentos para medir y trazar

El trabajo de la madera requiere tomar medidas y marcar correctamente las piezas de madera antes de realizar cortes y ensambles (fig. 6).

El metro de carpintero
y el flexómetro

El metro de carpintero, de madera o metálico, consta de diez varillas plegables y es adecuado para medir piezas. Las articulaciones no deben ser holgadas.

El flexómetro es un metro de varilla flexible que se recoge automáticamente en un estuche y se adapta con facilidad a cualquier superficie, por lo que se utiliza para medir piezas curvas. Cuenta con un sistema de bloqueo que evita que la cinta se enrolle repentinamente. Se recomienda que se empiece a medir por el primer centímetro ya que a veces puede ocasionar errores por desgaste de la lengüeta móvil.

La escuadra

La escuadra permite realizar trazos de 90° (en algunas también a 45°), así como comprobar en las piezas la exactitud de los ángulos rectos.

La falsa escuadra

Está formada por dos reglas unidas por un tornillo de tuerca de orejas.

INSTALACIONES Y EQUIPO NECESARIO

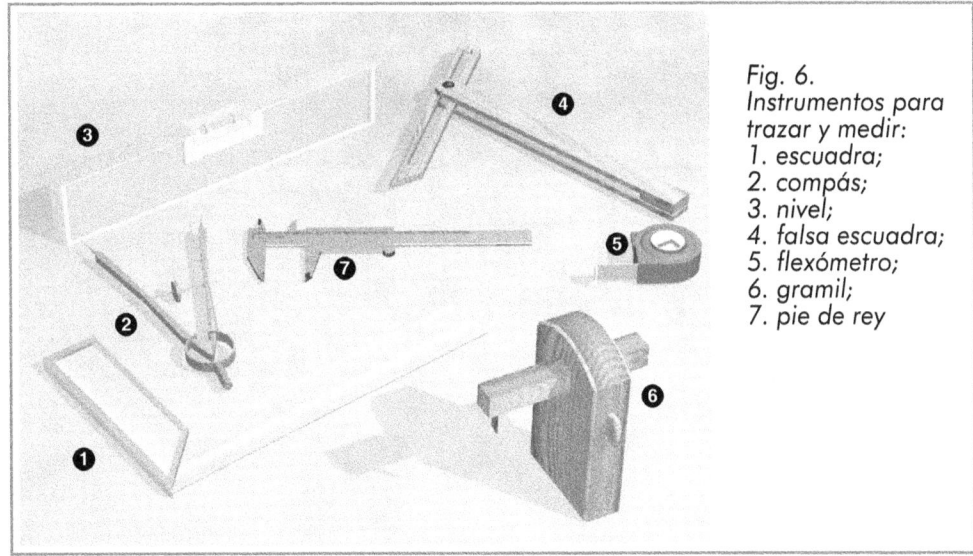

Fig. 6.
Instrumentos para trazar y medir:
1. escuadra;
2. compás;
3. nivel;
4. falsa escuadra;
5. flexómetro;
6. gramil;
7. pie de rey

Permite trazar ángulos distintos a 90° o 45° y transportarlos a otra pieza.

El compás

Este instrumento de precisión consta de dos varillas de acero o de madera articuladas en uno de sus extremos por un tornillo de tuerca de orejas.

El nivel

Este instrumento de medida consiste en un tubo de vidrio casi lleno de alcohol. Cuando el nivel se encuentra completamente horizontal, la burbuja de aire está exactamente entre dos líneas de referencia marcadas en el cristal. Se recomienda su uso para nivelar las estanterías y comprobar su verticalidad y horizontalidad.

El gramil

Es un instrumento que permite marcar trazos paralelos en la madera apoyando la pala en el canto de la pieza.

Herramientas manuales

La construcción de estanterías requiere del uso de herramientas adecuadas que garanticen cierto nivel de calidad en el trabajo. La calidad y la precisión del trabajo dependerá de si se dispone o no de un juego completo de herramientas manuales de cierta calidad que no se desafilen prematuramente por el uso continuado, sobre todo en

INSTALACIONES Y EQUIPO NECESARIO

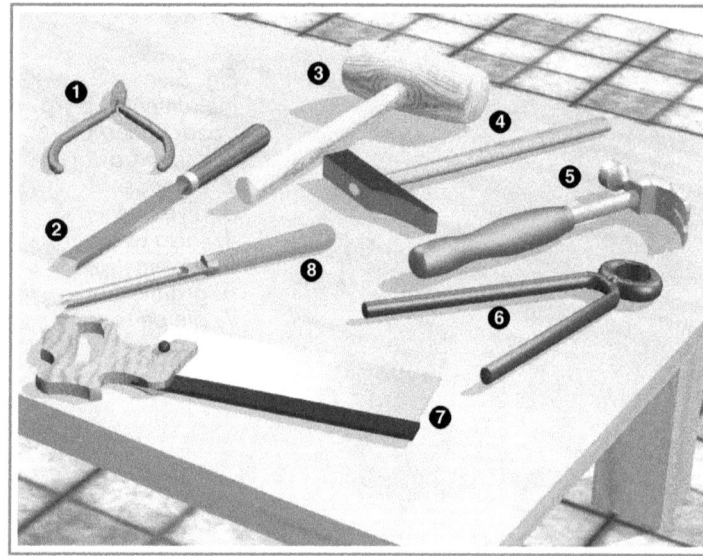

Fig. 7. Herramientas manuales:
1. alicates;
2. formón;
3. mazo;
4. martillo;
5. martillo de orejas;
6. tenazas;
7. serrucho de costilla;
8. gubia

el caso de los formones y las hojas de cepillo (fig. 7).

Los formones

Los formones son herramientas de corte libre constituidas por una hoja de acero con un bisel de corte en un extremo y un mango de madera en el otro. Se utilizan para la ejecución de cajas, rebajos y muescas en las piezas de madera. Conviene tener tres modelos diferentes, de 5, 10 y 15 mm de ancho, para realizar la mayoría de las operaciones habituales en carpintería y ebanistería.

La maza

La maza, o mazo (preferentemente de madera de encina, roble o fresno), se emplea para golpear sobre el mango de los formones y no estropearlos prematuramente, así como para ajustar las uniones de las estanterías sin que se estropee la superficie de madera.

Los martillos

Suelen emplearse dos: el martillo de orejas, que permite clavar por un extremo y extraer clavos por el otro —utilizado generalmente en carpintería de armar—, y el martillo de peña o de ebanista —apropiado para clavar puntas o para trabajos más finos.

El serrucho de costilla

Las sierras que se empleaba en el antiguo Egipto tenían los dientes rectos, sin triscar, por lo que se trababan frecuentemente. Más tarde, los romanos mejoraron el rendimiento de esta herramienta introduciendo el triscado, es decir, inclinando ligeramente los dientes alternativamente a izquierda y a derecha para evitar que se trabase, de esta forma se facilitaba el paso de la herramienta al cortar la madera así como el desahogo del serrín.

El serrucho de costilla es una herramienta que dispone de una vaina o costilla que permite que la hoja del serrucho se mantenga completamente rígida. Permite realizar cortes precisos en la madera maciza.

Las tenazas

Es una herramienta compuesta de dos puntas unidas por un perno. Sirve para extraer clavos y puntas y no debe utilizarse en ningún caso para golpear o clavar.

Raspas y limas

Se emplean para desbastar y pulir la madera, así como para ajustajes.

Las raspas o escofinas están formadas por una serie de dientes triangulares que cortan la madera mientras que las limas disponen de unos surcos o estrías que facilitan la labor de pulido. Para limpiar estas herramientas se utiliza un cepillo con puntas metálicas denominado *carda*.

El avellanador

Es una herramienta manual que permite ensanchar la entrada de un agujero donde debe introducirse un tornillo de forma que la cabeza quede encajada en la madera sin sobresalir. También es una especie de broca o fresa cónica que se acopla al taladro (fig. 8).

El cepillo

Los cepillos más antiguos de los que se tiene constancia se remontan al imperio romano. Fueron encontrados en las excavaciones de Pompeya; no obstante se cree que fueron los griegos los primeros que emplearon este tipo de herramienta, siendo su antecedente más claro la azuela, que empleaban los egipcios para alisar la madera.

Una de las operaciones más corrientes en carpintería es el cepillado de la madera a mano. Existen varios tipos de cepillo. El más usual es el cepillo de pulir, formado por una hoja de corte sujeta a una contrahoja mediante un tornillo e introducidas a través de una hendidura en un cuerpo de metal o de madera de encina.

Para regular el saliente de la hoja se emplea una cuña de madera o, en el caso de los cepillos metálicos, un tornillo regulador.

La suela del cepillo es completamente plana y lisa. La cuchilla de corte debe salir ligeramente.

INSTALACIONES Y EQUIPO NECESARIO

Fig. 8. Avellanador acoplado a un taladro

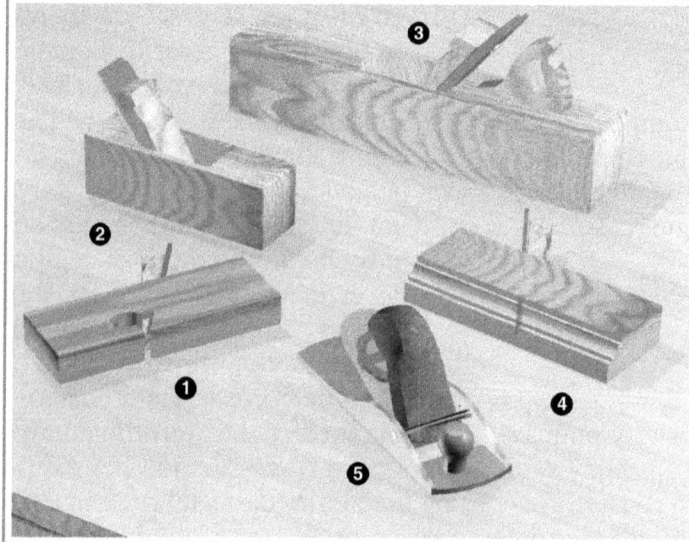

Fig. 9. Herramientas manuales para labrar la madera:
1. garlopa;
2. cepillo de moldurar;
3. cepillo metálico;
4. guillame;
5. cepillo de pulir

Para obtener una superficie pulida con esta herramienta, se tendrá que sujetar, fuertemente con ambas manos mientras se ejerce una cierta presión y se avanzase en la dirección de la veta manteniendo una presión uniforme (fig. 9).

El movimiento debe ser firme y decidido para que el resultado sea tal y como se habrá deseado.

INSTALACIONES Y EQUIPO NECESARIO

La garlopa

Para grandes superficies y desbastados se puede utilizar la garlopa, parecida al cepillo de pulir, pero más grande. Con todo, esta herramienta prácticamente está en desuso.

El guillame

Es un cepillo más estrecho que el de pulir. La hoja abarca todo el ancho de la base de manera que facilita la realización de rebajos.

El cepillo de moldurar

Facilita la realización manual de molduras determinadas en caso de no disponer de una fresadora portátil o una tupí.

Destornilladores y tornillos

Los primeros tornillos con tuerca aparecieron aplicados a las armaduras en el siglo xv. Los específicos para madera, en cambio, no se emplearon hasta mediados del xvi. Por increíble que parezca, el destornillador apareció mucho más tarde, en la segunda mitad del xviii, cuando surgió la necesidad de apretar los armazones de las escopetas que se aflojaban frecuentemente con los disparos.

El destornillador se compone fundamentalmente de dos partes: el mango, que suele ser de madera o

---

CONSEJOS PARA EL MANEJO DEL CEPILLO

✔ Hay que comprobar previamente que no hay clavos en la madera.

✔ Debe sujetarse el cepillo con dos manos manteniendo la pieza de madera inmovilizada mediante un tornillo de apriete o la prensa de carpintero.

✔ Se tiene que cepillar siempre en el sentido de la veta para evitar astillas. Debe presionarse siempre de manera uniforme.

✔ Hay que afilar adecuadamente la hoja del cepillo manteniendo un ángulo de unos 35°.

✔ Cuando no se use, habrá que dejar siempre el cepillo de lado para el mantenimiento óptimo del afilado.

INSTALACIONES Y EQUIPO NECESARIO

> **ALGUNOS CONSEJOS PARA MANEJAR EL DESTORNILLADOR**
>
> ✔ Hay que utilizar siempre un destornillador del tamaño y la boca adecuados a la ranura del tornillo para evitar que se rompa o se desgaste la punta del destornillador.
>
> ✔ Si se entran los tornillos a golpes, dejan de cumplir su función.

resina, y una varilla de acero, la cual es generalmente de forma cilíndrica, y que deberá acoplarse perfectamente a las entalladuras que aparecen labradas en las cabezas de los tornillos.

Existen diversos tipos de destornilladores con tamaños y puntas o bocas muy variadas, de acuerdo con las cuatro formas estandarizadas que pueden tener las cabezas de los tornillos: plano, Philips, Pozidriv y Torx.

Maquinaria portátil

La introducción de la maquinaria de la madera en general ha permitido descargar al artesano de los trabajos manuales más penosos, rutinarios y laboriosos, permitiéndole realizar, en consecuencia, tareas más creativas y variadas. Asimismo la popularización de la maquinaria portátil ha facilitado por su facilidad de manejo, rapidez y calidad de acabado el

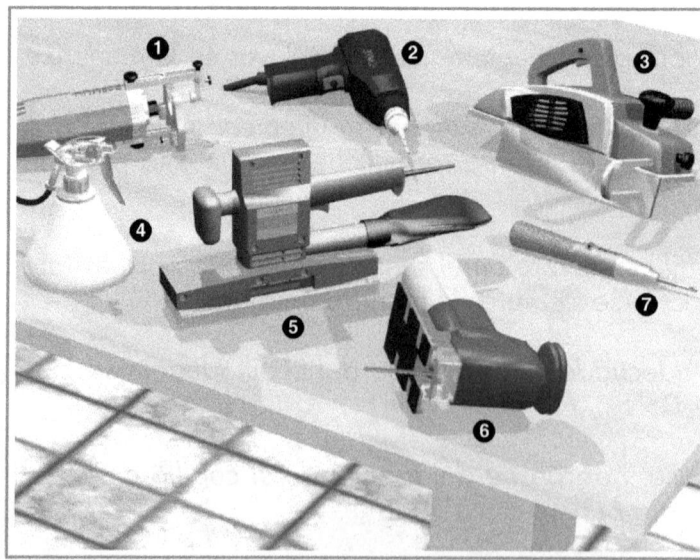

Fig. 10. Maquinaria portátil:
1. fresadora;
2. taladro;
3. cepillo eléctrico;
4. pistola de barnizar;
5. lijadora orbital;
6. sierra de calar;
7. atornillador

INSTALACIONES Y EQUIPO NECESARIO

Fig. 11. Maquinaria portátil para lijar la madera:
1. lijadora de banda;
2. lijadora rotorbital;
3. lijadora orbital

acceso de muchos aficionados al mundo de la madera que se interesan por las múltiples prestaciones que ofrecen este tipo de herramientas eléctricas.

Partiremos siempre en los ejemplos y técnicas que se proponen en el libro, de piezas de madera maciza cepillada y escuadrada o de materiales prefabricados que normalmente se pueden obtener ya cortados a medida en el almacén, de manera que tan sólo requieran, en la mayor parte de casos, realizar las uniones que correspondan y aplacar los cantos.

LA LIJADORA ORBITAL

Las lijadoras orbitales son apropiadas para el lijado, pulido y acabado de madera y tableros prefabricados. Generalmente están equipadas con una toma para aspiración externa. La extracción del polvo se produce a través de orificios situados en la base del lijado, llevan una bolsa o se conectan a un aspirador (fig. 11).

Como su nombre indica, realizan un movimiento orbital en el proceso de lijado, lo cual evita la formación de marcas apreciables en la superficie de la madera.

La hoja de abrasivo puede fijarse a la base mediante el sistema tradicional de pinza o con velcro.

LA LIJADORA ROTORBITAL

Realiza simultáneamente dos movimientos: uno orbital y otro excéntrico, de manera que se puede obtener una superficie sin marcas, idónea para acabados de calidad.

INSTALACIONES Y EQUIPO NECESARIO

La lijadora de banda

La lijadora de banda permite rebajar grandes cantidades de material sin crear surcos; por eso es apropiada si se quiere nivelar una superficie de madera maciza. Van equipadas con una toma para extracción del polvo.
   Para facilitar el lijado de piezas curvas, puede construirse un soporte para utilizarla de forma estacionaria (fig. 12).

La lijadora delta

Se llama así por el tipo de cabezal en forma de triángulo que permite a la lija llegar a los lugares más inaccesibles (fig. 13).

Fig. 12. Soporte para emplear la lijadora de banda de manera estacionaria

CONSEJOS PARA EL USO CORRECTO DE LA LIJADORA DE BANDA

✔ *La pieza debe fijarse con un tornillo de apriete para evitar que salga disparada.*

✔ *Hay que sujetarla con dos manos mientras se desplaza constantemente hacia delante y hacia atrás. Su manejo requiere cierta práctica para evitar una superficie sin surcos.*

El sistema de velcro permite un rápido cambio de hojas de lija.

Los agujeros permiten aspirar el polvo, ya que la máquina puede ir conectada a un aspirador.

Los abrasivos

Como abrasivo se emplea el carburo de silicio o el corindón sobre un soporte. Según el grano se empleará para desbastar o afinar la madera. Así, por ejemplo, los granos de 50 y 60 se emplean para desbastar y los de 100 y superiores para afinar.

Cada lijadora trabaja con un tipo de abrasivo dispuesto sobre un soporte determinado. Por ejemplo, la lijadora de banda utiliza una banda continua con soporte de tela, la rotorbital discos de fijación rápida y la orbital hojas rectangulares de papel especial trenzado.

La fresadora

Permite la realización de molduras, rebajos, regatas, cortes y operaciones diversas sobre las piezas de madera, aglomerado o contrachapado (fig. 14).

La fresadora desfondadora

Se trata de una máquina ligera de fácil manejo equipada con un motor que hace girar la fresa a alta velocidad, lo cual permite la realización de taladros, molduras y perfiles diversos así como fresar círculos, realizar chaflanes, practicar todo tipo de rebajos, copiar piezas, ranuras y también realizar uniones diversas (a cola de milano, con clavijas, con espigas múltiples) empleando diversos accesorios especiales.

La fresadora desfondadora presenta dos grandes empuñaduras que dirigen la herramienta justo por la línea de corte. Gracias a un sistema

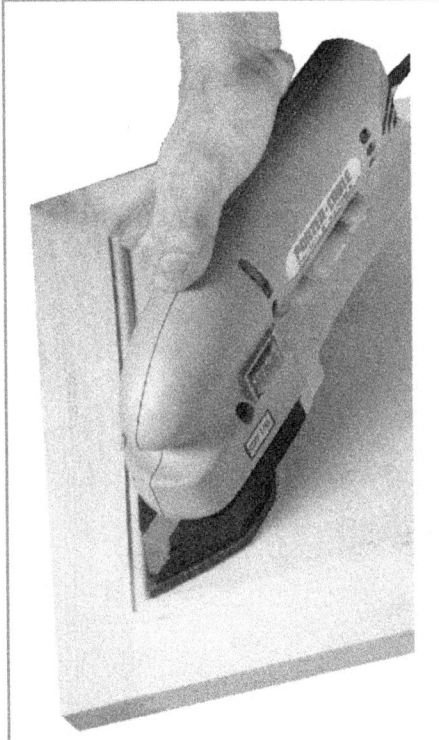

Fig. 13. Empleo de la lijadora delta

INSTALACIONES Y EQUIPO NECESARIO

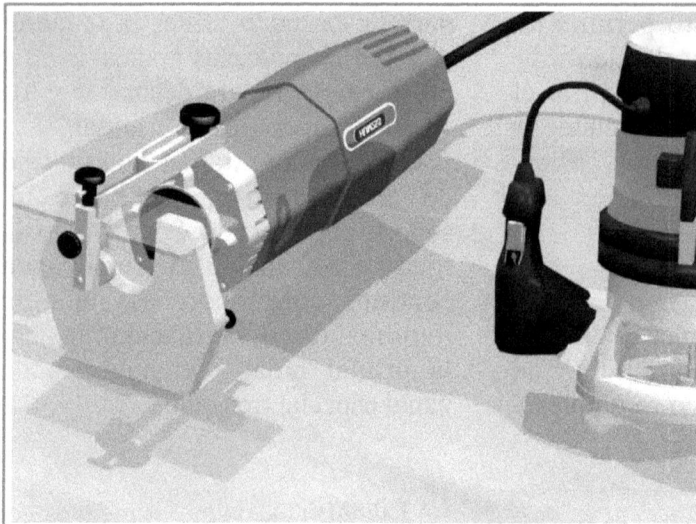

Fig. 14. Dos tipos de fresadoras

LAS FRESAS

Para trabajar con las fresadoras es necesario emplear fresas de calidad que ofrezcan excelentes propiedades de corte. El material de las cuchillas es de HSS o de HM. Las de HSS (acero ultrarrápido) son idóneas para trabajar con madera blanda mientras que las de HM (metal duro) se recomiendan para el fresado de maderas duras y tableros prefabricados.

Existe una gran variedad de perfiles. En los establecimientos especializados pueden adquirirse cajas de fresas muy completas que permiten un gran número de soluciones. Por otra parte, basta con cambiar la profundidad de penetración para obtener un tipo u otro de perfil (figs. 15 y 16).

de columnas telescópicas de alta precisión, se puede introducir la fresa en la madera (a la profundidad requerida) con precisión y suavidad, evitando de este modo golpes bruscos. Puede incorporarse a las mesas de fresado para trabajar como una pequeña tupí estacionaria.

El cepillo eléctrico

Permite labrar la superficie cepillando finas capas de madera maciza gracias a sus dos cuchillas de acero rápido o de metal duro que giran a gran velocidad. Va equipado con toma de aspiración externa para

INSTALACIONES Y EQUIPO NECESARIO

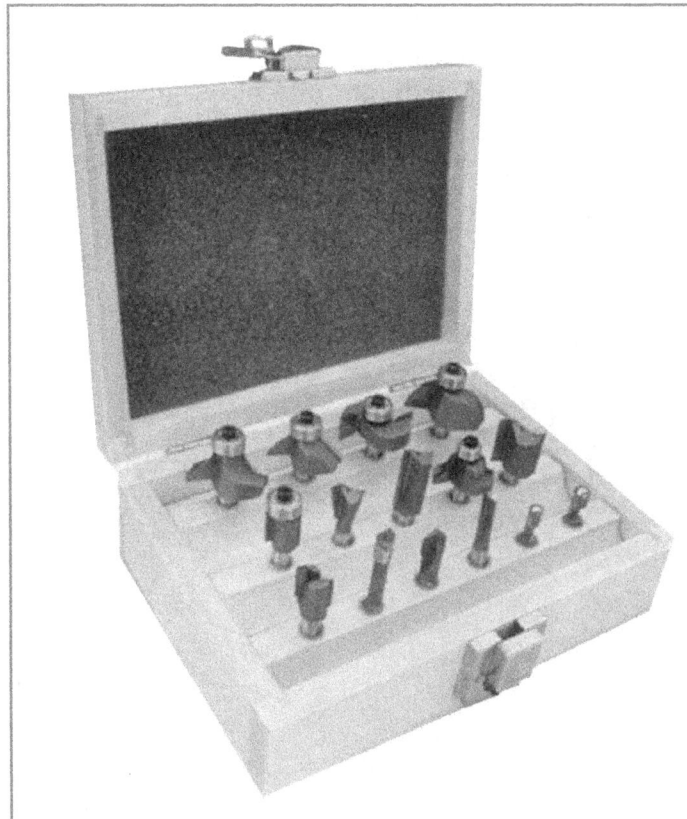

Fig. 15.
Caja con fresas de diversos perfiles

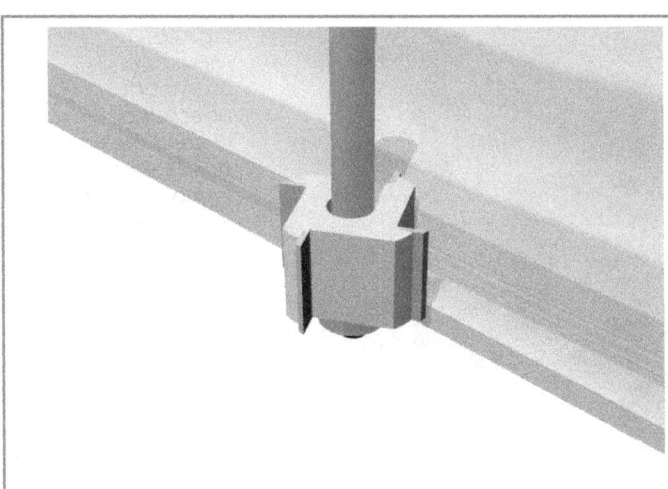

Fig. 16.
Realización de un rebajo con fresadora

INSTALACIONES Y EQUIPO NECESARIO

conexión a un aspirador o bien se puede conectar a una bolsa desmontable (fig. 17).

La profundidad del cepillado se regula mediante un dispositivo mecánico. Puede utilizarse de forma manual desplazando la máquina sobre la superficie que se desea cepillar o de forma estacionaria mediante una base que se fija al banco de trabajo, lo cual permite utilizarla como una pequeña cepilladora. En este caso debe emplearse siempre con un protector

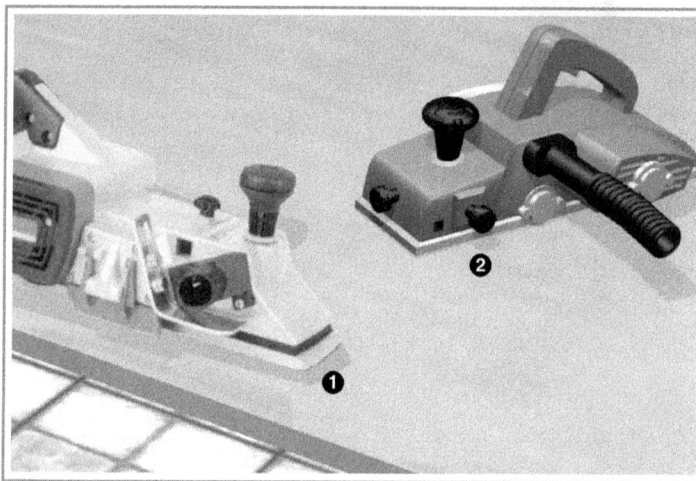

Fig. 17. Maquinaria portátil para labrar la madera:
1. garlopa;
2. cepillo eléctrico

Fig. 18. Mediante un soporte adecuado, el cepillo eléctrico puede emplearse como cepilladora estacionaria

sobre las cuchillas de sector plano con muelle antagonista. Si se dispone de sistema de aspiración de virutas, el manejo de la máquina será más seguro.

También puede emplearse de forma estacionaria (fig. 18).

Para evitar que se deterioren las cuchillas, el cepillo eléctrico deberá dejarse siempre de lado.

UTILIZAR EL CEPILLO ELÉCTRICO COMO REGRUESADORA

Gracias a un soporte especialmente diseñado puede convertirse el cepillo eléctrico en una regruesadora de forma que se obtengan piezas de madera de superficies pulidas, bien escuadradas y perfectamente paralelas entre sí (fig. 19).

Fig. 19. Del mismo modo, gracias a este otro soporte, el cepillo eléctrico puede convertirse en una regruesadora

---

ATENCIÓN

No intente rebajar de una sola pasada un grueso excesivo de madera, ya que la pieza podría salir despedida. Hágalo en sucesivas pasadas de poco grosor.

INSTALACIONES Y EQUIPO NECESARIO

**CONSEJOS DE SEGURIDAD
PARA EL EMPLEO DEL CEPILLO ELÉCTRICO**

✔ Antes de empezar, se comprobará que las cuchillas del cepillo están fijas y que sobre la superficie de madera no hay puntas ni tornillos.

✔ Las cuchillas deben estar siempre bien afiladas para evitar el retroceso.

✔ Si se emplea el cepillo con un soporte de manera estacionaria se colocará la protección que cubre el eje portacuchillas.

✔ Es necesario utilizar un empujador para pulir piezas pequeñas.

✔ El cepillo debe sujetarse con dos manos manteniendo la pieza de madera inmovilizada con un tornillo de apriete o con la prensa de carpintero.

✔ Hay que cepillar siempre en el sentido de la veta para evitar astillas.

✔ Si la máquina se somete a un esfuerzo prolongado o excesivo se sobrecalentará. Habrá que dejar que se enfríe durante cinco minutos, aproximadamente.

✔ El eje portacuchillas del cepillo sigue girando unos segundos después de haber sido desconectado. Para evitar que se produzcan daños en la superficie de apoyo, se colocará de costado.

✔ Antes de cambiar las cuchillas o realizar alguna tarea de mantenimiento, habrá que desconectar la máquina.

✔ La hoja del cepillo debe afilarse siguiendo cuidadosamente las instrucciones del fabricante.

INSTALACIONES Y EQUIPO NECESARIO

El taladro eléctrico

Los antiguos egipcios fueron los primeros que emplearon taladros para realizar agujeros. Posteriormente, en Europa surgieron en el siglo XV las primeras taladradoras manuales. A principios del siglo XVI comenzaron a fabricarse taladradoras de metal.

Hoy en día, el taladro eléctrico se ha convertido en una herramienta indispensable en el taller y en el hogar.

En la construcción de estanterías se usa para hacer agujeros en la madera y colocar los tornillos de ensamblaje. Permite además la función de atornillado y desatornillado con el mismo aparato así como el cambio rápido de broca sin necesitar ningún tipo de herramienta o llave, disponiendo además de freno eléctrico para evitar que el tornillo quede demasiado apretado (fig. 20).

El taladro consta de un motor que imprime un movimiento de rotación de velocidad variable a las brocas que lleva sujetas al mandril o portabrocas. Hay que emplear la broca adecuada para cada tarea concreta. En el caso de la madera, se emplean brocas planas de tres puntas o brocas con punta de centrado afilada.

Para taladrar en hormigón o en ladrillo se emplean brocas de acero especial y plaquitas de carburo de tungsteno. Además, se necesitará un taladro percutor que permita combinar la rotación y el martilleo para perforar las paredes con mayor eficacia.

Para evitar taladrar más de lo necesario o atravesar paredes delgadas, habrá que colocar un tope de regulación de la profundidad.

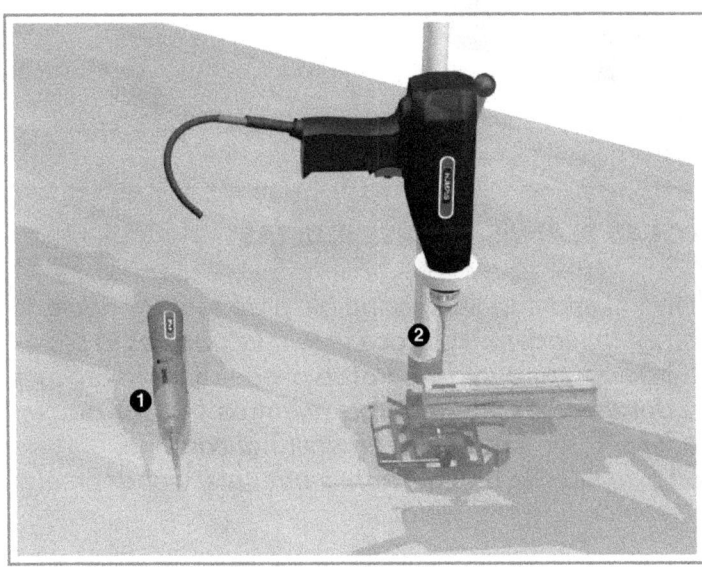

Fig. 20. Diversos tipos de taladros: 1. atornillador; 2. taladro sujeto en un soporte de columna

INSTALACIONES Y EQUIPO NECESARIO

Los taladros y destornilladores sin cable

Son prácticos para trabajos de atornillado en lugares inaccesibles gracias a su reducido tamaño y a su autonomía. Su función reversible a la izquierda y a la derecha permite atornillar o desatornillar cualquier tipo de tornillo, gracias a sus puntas intercambiables.

El tiempo de carga de la batería oscila entre los treinta minutos y las tres horas, según sea el modelo (fig. 21).

Fig. 21. Taladro atornillador con batería recargable

BROCAS PLANAS DE TRES PUNTAS

El taladro es una herramienta casi imprescindible para realizar agujeros de forma precisa en la madera. La broca más adecuada es la plana de tres puntas. Gracias a la punta central se puede situar la broca en el punto exacto donde se desea taladrar, mientras que las otras dos perforan la madera. Están fabricadas en acero al carbono.

Para trabajar con este tipo de brocas, habrá que seleccionar en el taladro la opción de velocidad reducida.

INSTALACIONES Y EQUIPO NECESARIO

CONSEJOS

✔ *Nunca debe dejarse puesta la broca en el taladro después de utilizar la máquina, ya que se puede romper.*

✔ *A la hora de taladrar la pared, no pueden utilizarse brocas para madera. (Las brocas para paredes son helicoidales y en su extremo hay una punta de widia fácil de distinguir).*

✔ *Para taladrar la pared, habrá que emplear gafas protectoras.*

EL TALADRO DE COLUMNA

Disponer de un taladro de columna o de un soporte para acoplar el taladro permite llevar a cabo operaciones de taladrado verticales, con gran precisión y seguridad.

LA SIERRA DE CALAR O DE VAIVÉN

La sierra de calar o de vaivén es una máquina portátil de fácil manejo, adecuada para pequeños espesores de madera maciza, aglomerado o contrachapado. Puede cortar en línea recta, curva y en cualquier ángulo gracias a su base inclinable de 0° a 45° (fig. 22).

La pieza que se desea cortar debe fijarse con sargentos o tornillos de apriete. Mientras se maneja, hay que sujetar la máquina fuertemente con las dos manos para evitar que la hoja de la sierra, muy frágil, se parta con el cimbreo.

Es apropiada para perfilar costados y estantes de madera maciza o prefabricada, sobre todo si no se dispone de una sierra de cinta.

Se puede fijar a la máquina una guía que facilita la realización de cortes rectos paralelos al canto del tablero.

Para mantener la limpieza del taller y por razones de seguridad es recomendable conectar la sierra de calar a un sistema de aspiración de virutas.

LA SIERRA CIRCULAR ELÉCTRICA

Gracias a un potente motor que permite que la hoja rote a gran velocidad, esta sierra puede realizar cortes profundos, longitudinales y transversales en distintos materiales.

Dispone de un protector y de una toma de aspiración externa para eliminar eficazmente la gran cantidad de polvo y virutas que produce.

Se emplea para trocear tablones, tablas, listones y para cortar al hilo (es decir, en el sentido longitudinal de la pieza de madera).

INSTALACIONES Y EQUIPO NECESARIO

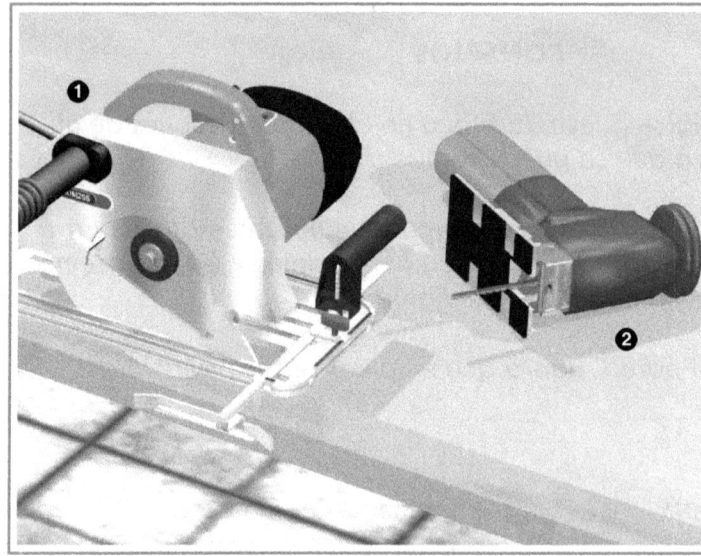

Fig. 22. Maquinaria portátil para cortar la madera:
1. la sierra circular portátil;
2. la sierra de vaivén o sierra de calar

Permite realizar cortes de hasta 50 o 55 mm, siendo regulable la profundidad de corte.

Se puede fijar a la máquina una guía paralela que facilita la realización de cortes rectos paralelos al canto del tablero. Si el corte que debe efectuarse está demasiado lejos del borde, habrá que apoyar la placa de la base en un listón de madera sujeto con tornillos de apriete.

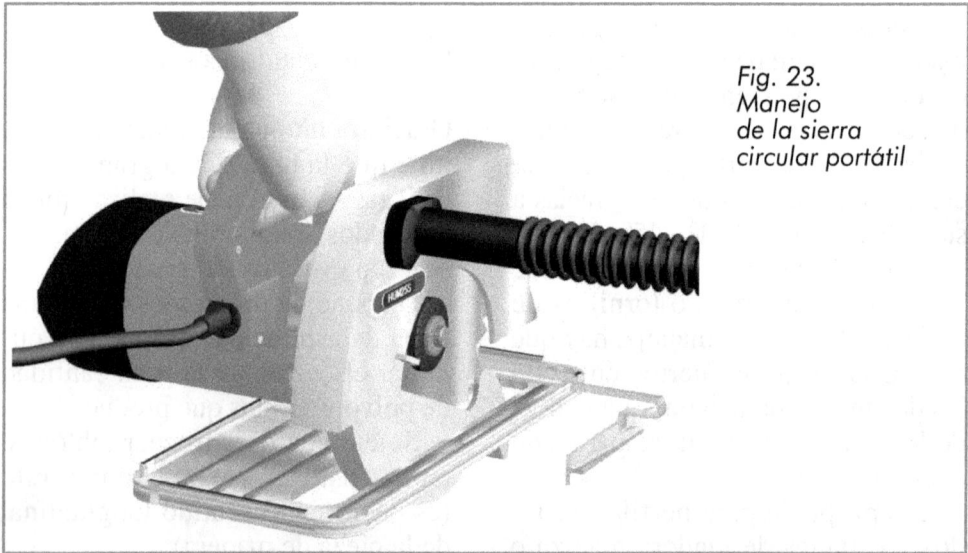

Fig. 23. Manejo de la sierra circular portátil

INSTALACIONES Y EQUIPO NECESARIO

La base puede inclinarse hasta 45° y debe ir equipada con una sierra de disco de plaquitas de metal duro y una toma para la aspiración externa (fig. 23).

LA SIERRA TRONZADORA

La tronzadora es una sierra estacionaria portátil que permite trocear las piezas de madera en cualquier ángu-

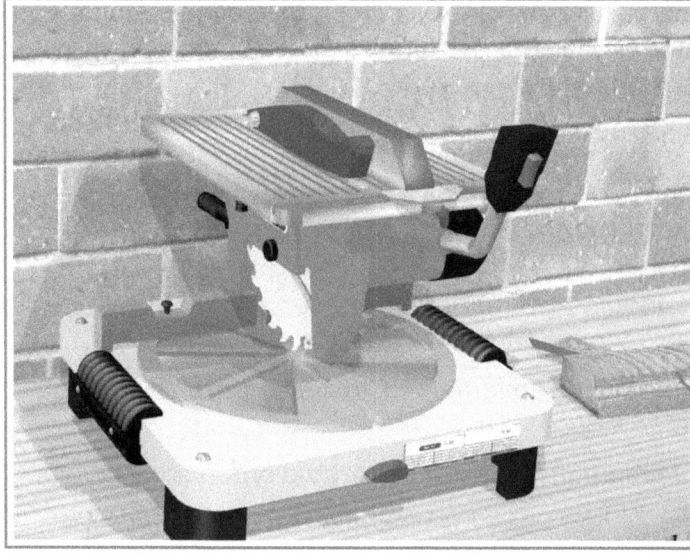

Fig. 24.
La sierra tronzadora estacionaria

CONSEJOS DE SEGURIDAD

✔ Antes de empezar, se deberá comprobar el correcto funcionamiento de la carcasa de protección móvil que deja el disco al descubierto a medida que se avanza en el corte.

✔ Hay que comprobar que no hay puntas ni tornillos ocultos en la madera.

✔ Para trabajar en mejores condiciones, se conectará el sistema de aspiración de polvo y virutas.

✔ Es conveniente disponer de un interruptor de seguridad que evite el arranque accidental de la máquina.

✔ Cada vez que se deba manipular la máquina, se desconectará.

✔ Hay que trabajar siempre con mascarilla y gafas de seguridad.

INSTALACIONES Y EQUIPO NECESARIO

lo gracias a su cabezal abatible y su plato divisor, que pueden regularse entre los 0 y los 45°. Va provista además, de una mesa superior con guía desplazable que permite realizar cortes longitudinales a una anchura predeterminada y hasta una altura de corte de 40 mm. Como elementos de seguridad, esta máquina incorpora un freno del disco, además de un seguro contra arranques accidentales por corte del suministro eléctrico. En la mesa dispone de un cuchillo divisor para evitar que se trabe la madera, así como de una carcasa de protección para evitar contactos accidentales con el disco de corte (fig. 24).

CONSEJOS E INSTRUCCIONES PARA EL MANEJO SEGURO DE LA MAQUINARIA PORTÁTIL EN GENERAL

✔ *Al adquirir una máquina portátil deberán leerse las indicaciones e instrucciones de uso y mantenimiento dadas por el fabricante.*

✔ *No hay que emplear herramientas en trabajos para los que no han sido diseñadas.*

✔ *Es muy importante mantener el lugar de trabajo ordenado y limpio.*

✔ *No pueden utilizarse herramientas eléctricas en ambientes húmedos ni cerca de productos inflamables.*

✔ *Es necesario emplear gafas de protección para protegerse de las astillas que pudieren saltar.*

✔ *La máquina debe sujetarse con las dos manos. La pieza ha de fijarse siempre con un gato o un tornillo de apriete.*

✔ *Nunca hay que utilizar la máquina para trabajos que excedan las propias capacidades.*

✔ *No debe ponerse el dedo en el interruptor mientras se conecta la herramienta a la red eléctrica.*

✔ *Hay que evitar posturas incómodas que cansen antes de tiempo.*

✔ *La ropa de trabajo debe ser cómoda. Las corbatas, cadenas y colgantes están rigurosamente prohibidos.*

✔ *Conviene emplear zapatos de suela antideslizante.*

✔ *Es preciso protegerse del polvo empleando una mascarilla adecuada.*

INSTALACIONES Y EQUIPO NECESARIO

✔ No hay que permitir la presencia de personas ajenas al taller; sobre todo si son niños.

✔ Siempre se ha de prestar toda la atención posible al trabajo. Si se está demasiado cansado, es mejor dejarlo para otro día.

✔ El lugar debe estar bien ventilado. A ser posible, se conectará un extractor de polvo y virutas a la maquinaria.

✔ La herramienta nunca debe desenchufarse estirando el cable.

✔ Antes de ajustar una máquina, habrá que desconectarla.

✔ Siempre deben utilizarse las guardas de seguridad de la herramienta.

✔ Hay que tener especial cuidado en que el cable de la herramienta no se aproxime o entre en contacto con las cuchillas cortantes, pues se recibiría una fuerte descarga eléctrica.

✔ No debe permitirse que otra persona distraiga el trabajo.

✔ Si las clavijas del enchufe están estropeadas, no deberán introducirse directamente los cables en la toma bajo ningún concepto.

✔ Si el nivel de ruido rebasa los 85 db, habrá que emplear orejeras.

Maquinaria estacionaria de uso semiprofesional

LA MESA ESTACIONARIA

Se trata de una mesa metálica que dispone de una placa provista de ranuras y agujeros que facilitan la adaptación y fijación de la mayoría de la maquinaria portátil del mercado.

A pesar de sus reducidas dimensiones puede conseguirse un buen número de funciones, empleándola como sierra de calar, sierra circular, tupí, lijadora de disco y lijadora de rodillo.

Los módulos se pueden montar y desmontar en poco tiempo, ya que ocupan poco espacio y no pesan demasiado (fig. 25).

LA SIERRA
CIRCULAR ESTACIONARIA

Con una sierra circular perfectamente acoplada a la mesa pueden cortarse tablas en tiras de hasta 44 mm de grueso y tableros perfectamente paralelos a la guía de apoyo de la pieza (fig. 26).

INSTALACIONES Y EQUIPO NECESARIO

Fig. 25. La mesa estacionaria permite acoplar varias máquinas portátiles

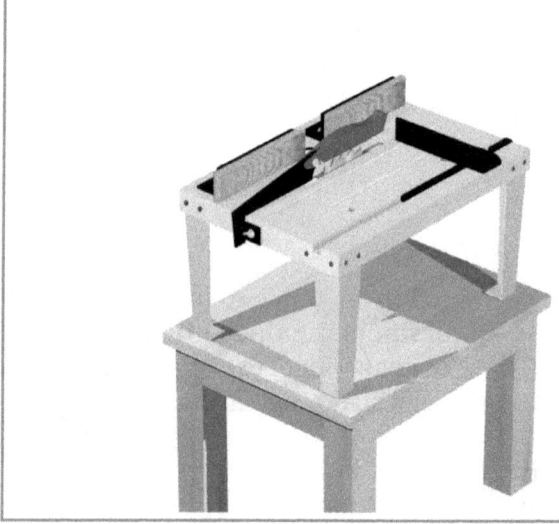

Fig. 26. Empleo de la sierra circular de forma estacionaria

LA FRESADORA PORTÁTIL COMO TUPÍ ESTACIONARIA

Pueden realizarse trabajos de una calidad técnica profesional gracias a juegos de fresas muy completos que permiten fresar cualquier moldura, machihembrar, realizar rebajos, canales, y ensambles diversos. Su utilización no es demasiado difícil. Tan sólo hay que tener en cuenta algunas normas de seguridad.

INSTALACIONES Y EQUIPO NECESARIO

USO DE LA SIERRA CIRCULAR ESTACIONARIA

✔ Mediante una escuadra, debe comprobarse la perpendicularidad del disco respecto a la superficie de la mesa.

✔ La guía de escuadra graduable se utilizará para apoyar la madera y arrastrarla al realizar cortes transversales (a 90°) y al sesgo (de 0 a 45°).

✔ El cuchillo divisor tiene que ajustarse de manera que sea eficaz a la hora de evitar que se cierre y trabe la madera.

✔ La cubierta de protección de la sierra habrá de colocarse según la altura de la pieza de madera que deba cortarse.

✔ El empujador tendrá que emplearse cuando se corten piezas pequeñas o estrechas.

✔ Los discos deberán estar siempre en buen estado y correctamente afilados.

✔ En la pieza de madera no tendrá que haber tornillos, clavos o nudos que puedan romper los dientes del disco de la sierra.

✔ Hay que trabajar con mascarilla, gafas protectoras y el extractor de polvo conectado

La sierra de calar
como sierra estacionaria

Si se acopla la sierra de calar a la mesa estacionaria, podrán cortarse tableros de madera de hasta 54 mm de grueso gracias al movimiento que realiza la sierra al cortar de arriba abajo.

Esta máquina es idónea para seguir contornos curvos interiores y exteriores apoyando la pieza sobre la superficie de la mesa siempre y cuando su grosor no sea excesivo (fig. 27).

El centro de lijado
con la mesa estacionaria

Si se acopla un cilindro o un plato lijador, pueden lijarse perfecta-

INSTALACIONES Y EQUIPO NECESARIO

**CONSEJOS Y PRECAUCIONES
PARA EL EMPLEO DE LA FRESADORA ESTACIONARIA**

✔ Hay que regular la altura del protector de la fresa dejando libre sólo el grosor de la pieza de madera que va a trabajarse para impedir cualquier percance.

✔ No deben realizarse pasadas de gran profundidad. Es preferible hacer dos o más hasta conseguir el perfil deseado.

✔ La pieza de madera debe avanzar en sentido contrario al giro de la herramienta de corte.

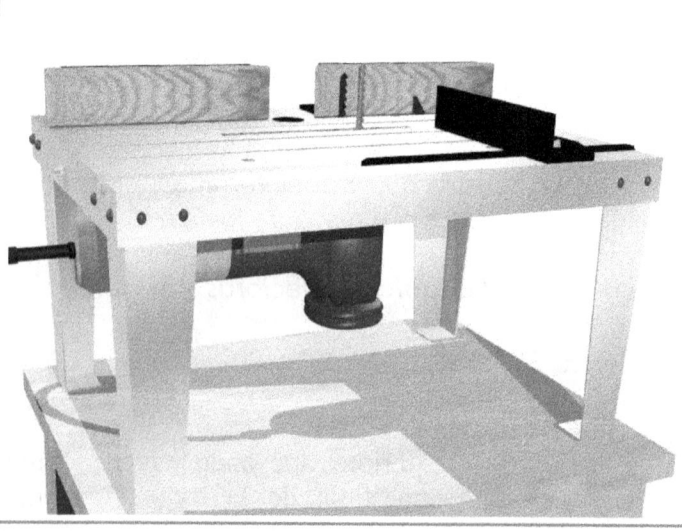

Fig. 27. Empleo de la sierra de calar estacionaria

mente a escuadra piezas de madera en sentido longitudinal, de testa, curvas y arqueadas. Además, el plato lijador puede inclinarse para trabajar en ángulos distintos a 90° (figura 28).

El INTERRUPTOR DE SEGURIDAD EN LAS MESAS ESTACIONARIAS

Es conveniente instalar un interruptor para evitar la puesta en marcha accidental.

INSTALACIONES Y EQUIPO NECESARIO

Fig. 28 Centro de lijado mediante rodillo con la mesa estacionaria

El interruptor dispone de un botón de arranque y otro de parada. Antes de poner el aparato en marcha, hay que asegurarse de que la pieza no está en contacto con la fresa o la hoja de la sierra.

EL TORNO

El antecedente del torno actual se remonta al antiguo Egipto, en donde se empleó profusamente en el torneado de patas de diversos muebles.

Fig. 29. Torno que lleva acoplada una luneta de protección para evitar que virutas y astillas salgan proyectadas

INSTALACIONES Y EQUIPO NECESARIO

En el torno de arco, precursor del actual, la pieza de madera sujeta entre dos puntos gira hacia delante y hacia atrás gracias al impulso que le transmite el tornero mediante un pedal que está conectado a una correa que rodea la pieza de madera que debe tornearse. De este modo, en el momento en que la pieza comienza a girar hacia delante, el carpintero aplica la gubia y la retira antes de dejar de pedalear, para evitar que un mal corte dañe la madera.

No es imprescindible disponer de un torno profesional para realizar pequeños trabajos de torneado. Si se acopla un taladro eléctrico a un soporte especial, de venta en cualquier establecimiento especializado, puede realizarse un buen número de torneados diferentes (fig. 29).

Accesorios y materiales complementarios

CENTRADORES O MARCADORES

Permiten el ensamble de largueros con traviesas así como la unión de tableros de 16 y 19 mm mediante clavijas de 8 mm de diámetro. Puede realizarse cualquier tipo de ensamblaje ya sea en los extremos o en medio de las piezas sin que sea necesario hacer marcas de referencia (figura 30).

GATOS Y ELEMENTOS DE APRIETE

Mantienen fuertemente unidas las piezas de madera mientras fragua el encolado o bien mientras se están trabajando (fig. 31).

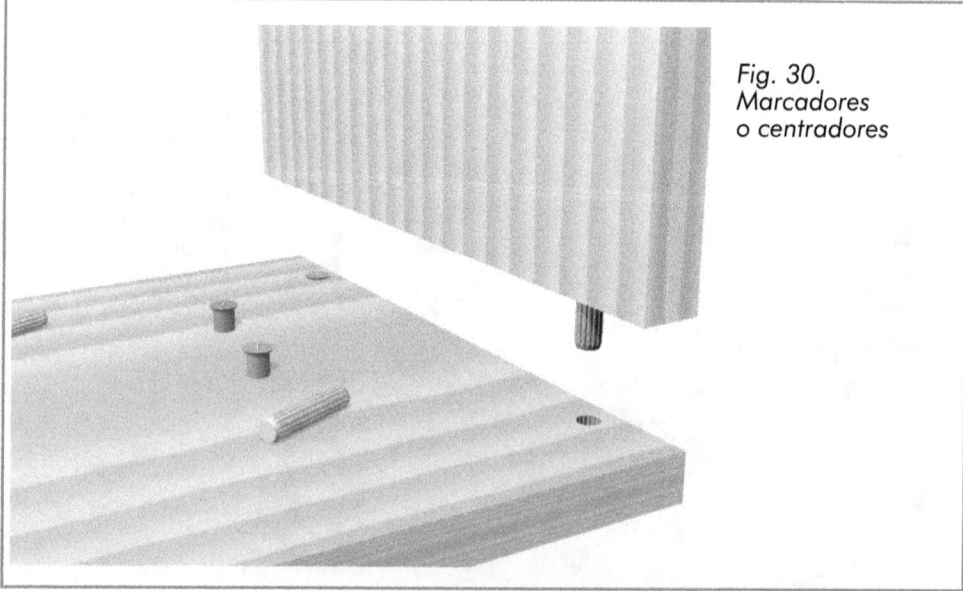

Fig. 30. Marcadores o centradores

INSTALACIONES Y EQUIPO NECESARIO

PRENSA PARA CUADROS

Consta de un fleje graduable que rodea la pieza sujeta con cuatro mordazas y ejerce la presión mediante un tornillo (fig. 32).

CAJA CORTA INGLETES

Es un soporte cortador de ingletes o de ángulos rectos en forma de u, construido en madera de haya maciza y con unos cortes que sirven para cortar listones y perfiles de madera en un ángulo de 45-90° (fig. 33).

LLAVES Y BROCA-FRESA
PARA TORNILLOS ALLEN

La broca se utiliza para realizar taladros donde se introducirán y posteriormente se fijarán, mediante una llave especial, tornillos de cabeza hexagonal y tornillos torx con tamaños que van desde 1,5 hasta 10 mm (fig. 34).

COLAS PARA MADERA

Los adhesivos más antiguos de que se tiene constancia los utilizaron los egipcios en el 3000 a. de C. Numerosos productos naturales se han empleado por sus propiedades adhesivas entre ellos, la caseína, la cola de pescado, la cola de conejo, e incluso la sangre.

Los adhesivos sintéticos aparecieron ya avanzado el siglo XX. Se utilizan para fijar de forma permanente las uniones en madera. Los adhesivos más empleados son la cola blanca o de acetato de polivinilo (tam-

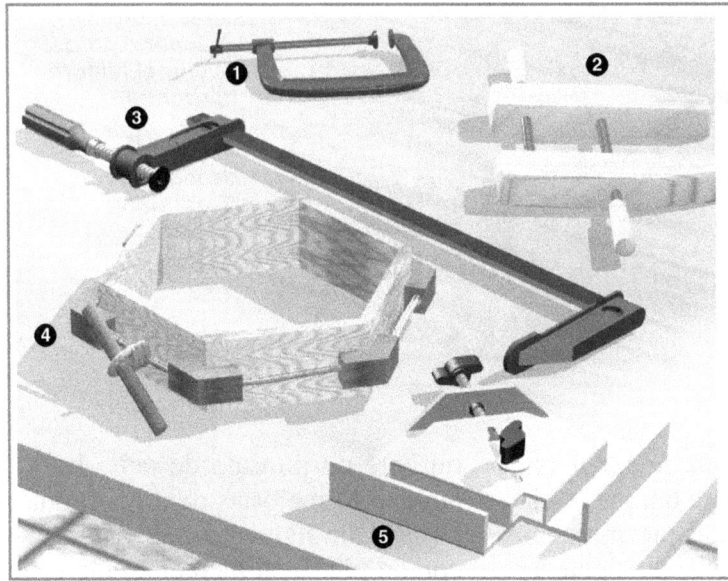

Fig. 31. Elementos de apriete:
1. tornillo en forma de ge;
2. cárcel;
3. gato o tornillo de apriete;
4. prensa de montaje para sujetar la unión de dos tableros en ángulo mientras se taladran los agujeros de ensamblaje;
5. torniquete para sujetar piezas especiales

INSTALACIONES Y EQUIPO NECESARIO

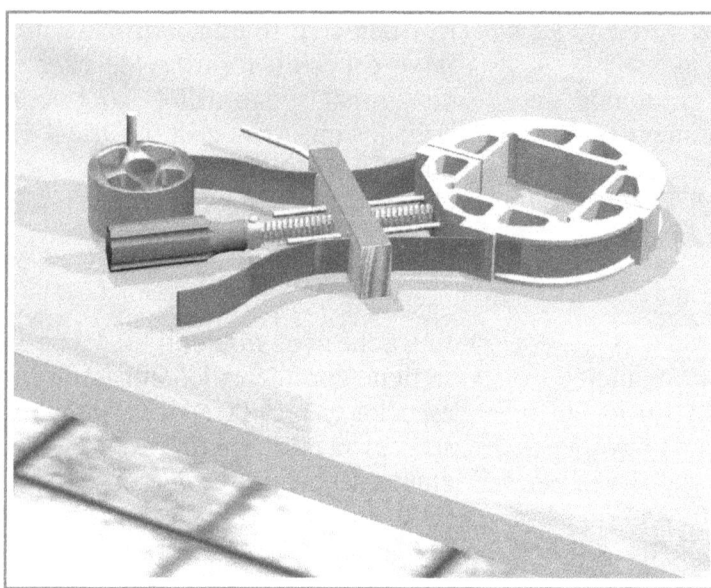

Fig. 32. Prensa para cuadros

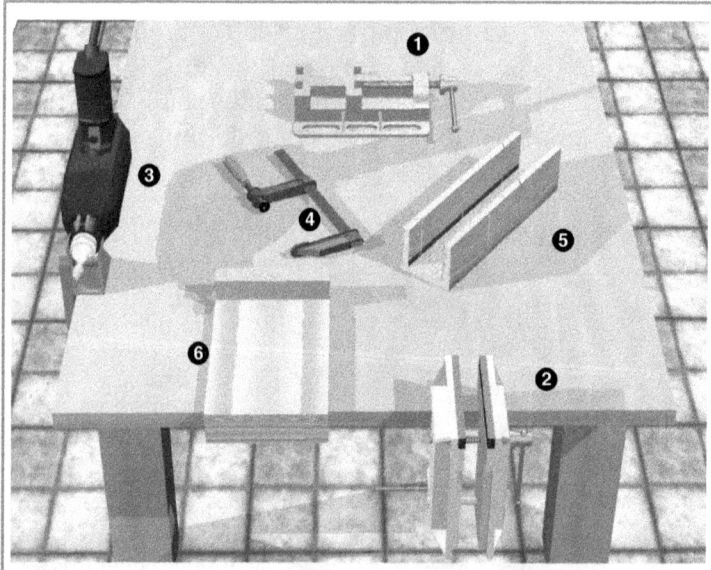

Fig. 33. Diversos accesorios para sujetar piezas o maquinaria portátil:
1 y 2. mordazas;
3. soporte para sujetar el taladro horizontal;
4. gato;
5. cortador de ingletes;
6. cortador

bién denominada *cola de carpintero*), que se emplea para uniones sólidas y permanentes. Las piezas encoladas deben mantenerse presionadas durante un mínimo de ocho horas, aunque lo mejor es dejarlas fraguar hasta el día siguiente. Suele aplicarse con un pincel, si bien en el mercado hay envases con boquilla para aplicar directamente en los agujeros donde irán las clavijas.

Los adhesivos de contacto no son adecuados para uniones rígidas. Se emplean generalmente para encolar chapas y laminados estratificados (formicas), y pegan al evaporarse el disolvente que contienen.

ESCUADRAS DE FIJACIÓN
DE ÁNGULOS

Las mordazas de ángulo para montaje son capaces de sujetar piezas de diferentes grosores en forma de ele o te mediante un sistema de presión exterior que facilita su utilización. Se utilizan para escuadrar con precisión los tableros que deben ensamblarse mientras se realizan los taladros pertinentes. Por ello son idóneas para el montaje de estanterías (fig. 35).

PEQUEÑOS SOPORTES DE ESTANTE

De variadas formas y diseños, sobre ellos descansan los anaqueles interiores de la estantería. Los de espiga cilíndrica son los más indicados para los estantes de altura graduable.

A fin de unificar los criterios de construcción de estanterías, la normativa europea establece una distancia de 32 mm entre orificios para colocar los soportes, 5 mm para el diámetro de las perforaciones y 37 mm de distancia entre el exterior de los orificios y el canto de los costados o montantes. En los comercios especializados pueden adquirirse

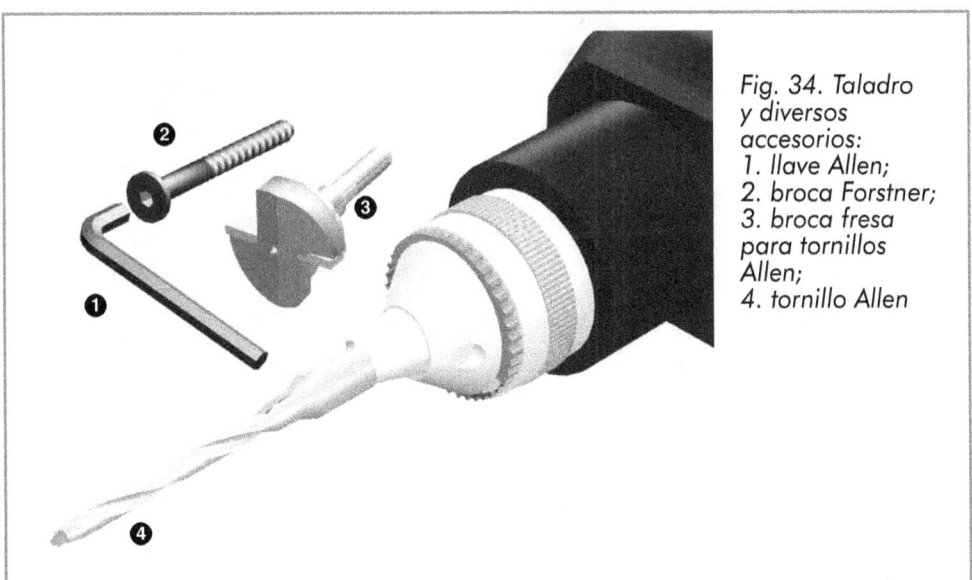

Fig. 34. Taladro y diversos accesorios:
1. llave Allen;
2. broca Forstner;
3. broca fresa para tornillos Allen;
4. tornillo Allen

plantillas especiales que permiten ajustarse a esta normativa.

Materiales para el acabado
de la madera

Los más usuales son el papel de lija, el tinte, el barniz tapaporos, la cera de acabado, las brochas, las paletinas y los rodillos de espuma (figura 36).

*Brochas y rodillos
para pintar o barnizar*

El tamaño de la brocha ha de ir en consonancia con la superficie que debe pintarse o barnizarse. Hay que emplear siempre brochas de cerdas, ya que son las de mejor calidad y no se deshacen. Al presionar la mata, las cerdas deben abrirse en abanico y volver a su posición original cuando cese la presión.

Las paletinas son brochas anchas de forma plana. Reparten mejor el barniz cuando se han de cubrir grandes superficies.

El rodillo de espuma se emplea para superficies anchas, ya que permite extender el barniz tapaporos de forma rápida y homogénea. Debe emplearse con un recipiente que tenga un escurridor que permita dosificar la cantidad de barniz a aplicar.

En función del poro o de la rugosidad del relieve de su esponja se obtienen diversos acabados. Para la aplicación de barnices y lacas puede utilizar un rodillo de espuma de poro cero.

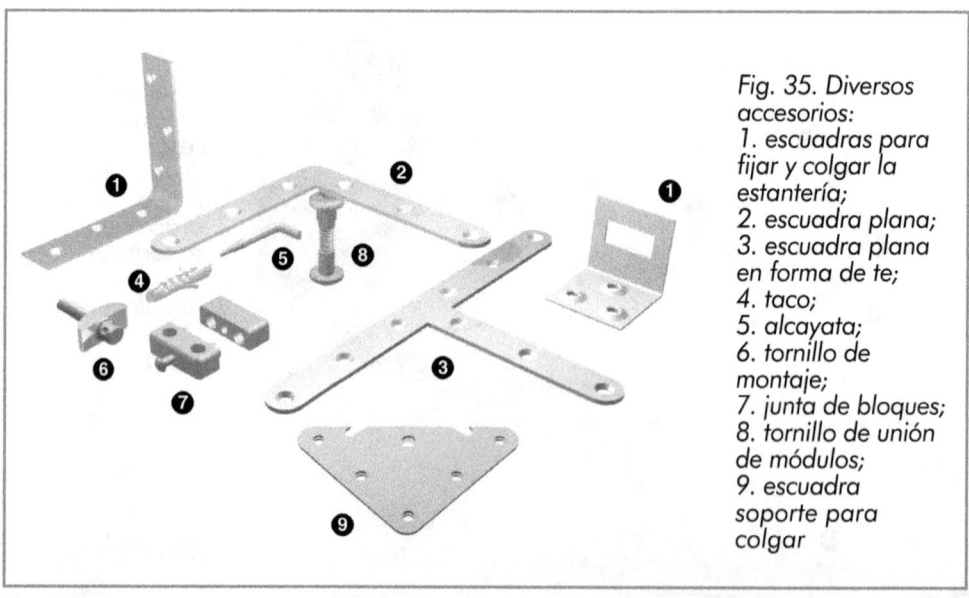

Fig. 35. Diversos accesorios:
1. escuadras para fijar y colgar la estantería;
2. escuadra plana;
3. escuadra plana en forma de te;
4. taco;
5. alcayata;
6. tornillo de montaje;
7. junta de bloques;
8. tornillo de unión de módulos;
9. escuadra soporte para colgar

INSTALACIONES Y EQUIPO NECESARIO

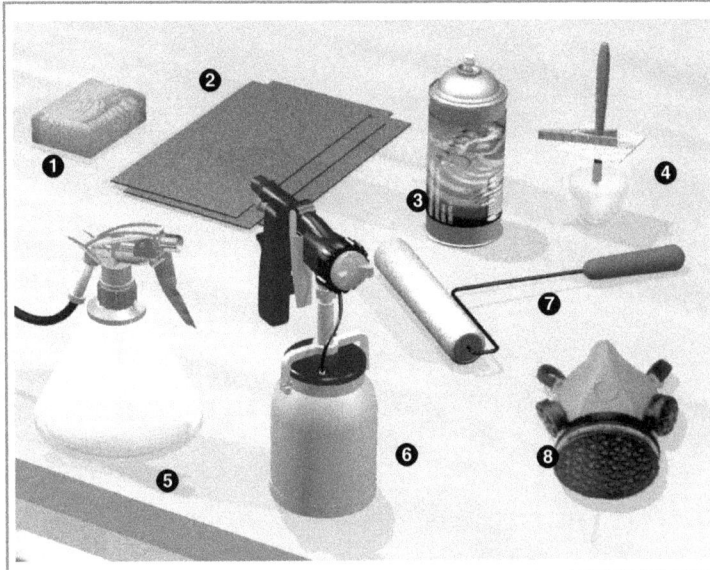

Fig. 36. Elementos para el acabado de la madera:
1. taco de lijar;
2. papel de lija;
3. pintura en aerosol;
4. forma de mantener los pinceles;
5 y 6. pistolas pulverizadoras;
7. rodillo de goma espuma;
8. mascarilla de cartuchos filtrantes

ACCESORIOS DE SEGURIDAD

Cuando se trabaje en el taller, es necesario protegerse contra el ruido, el polvo, las emisiones de elementos nocivos a través de los vapores y el humo, así como de todos los riesgos que comporta el trabajo con maquinaria eléctrica.

Para ello, deben emplearse diversos accesorios de seguridad como mascarillas, gafas protectoras, guantes, listones empujadores, etc. (figura 37).

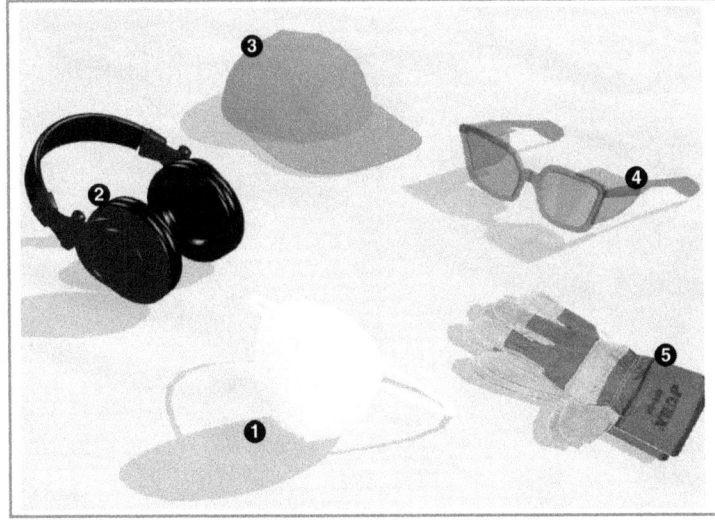

Fig. 37. Accesorios de seguridad:
1. mascarilla para polvo;
2. orejeras;
3. gorra;
4. gafas protectoras;
5. guantes de lona

MATERIALES EMPLEADOS EN LA CONSTRUCCIÓN DE ESTANTERÍAS

La madera maciza

Muchos de los modelos de estanterías que se presentan en este libro deben construirse con madera maciza o laminada de pino y abeto que puede adquirirse en los almacenes y establecimientos especializados en forma de tablas y tablones sin labrar (fig. 38).

Selección de la madera maciza

Seleccionar la madera más adecuada para un trabajo determinado es un aspecto importante que debe tenerse en cuenta a la hora de construir una estantería. Utilizar una madera cara para un trabajo burdo sería erróneo y, además, un despilfarro.

El pino y el abeto son las especies coníferas que más se utilizan. Se caracterizan por su grano recto; se trabajan muy bien, ya que admiten el clavado, el encolado, el teñido y el pintado, y pueden obtenerse a un precio asequible.

Características de la madera maciza

Los anillos de la madera nos cuentan su edad pero además otras muchas cosas. Cuanto más abundantes y densos sean los anillos, más lentamente habrá crecido el árbol y su madera será más dura y resistente (fig. 39).

Nudos y defectos de la madera maciza

La madera, al ser un material vivo, tiene cualidades y defectos. Uno de los más visibles son los nudos que afean las piezas. Sin embargo, en los muebles rústicos, pueden ser muy decorativos (siempre y cuando sean adherentes).

Los nudos son ocasionados por la parte inferior de las ramas del árbol que van quedando recubiertas por el tejido del tronco a medida que este crece.

Fig. 38. Tablones de madera de pino macizo

TIPOS DE NUDOS

Según su forma, los nudos pueden ser redondos, ovalados o transversales.

Los nudos adherentes son aquellos cuyos tejidos están entrelazados con la madera que los rodea. Tienen su origen en los tocones de pequeñas ramas que cayeron o fueron cortadas y que acabaron recubiertos por tejido nuevo (fig. 40).

Los nudos muertos saltan al no estar unidos a la madera que los rodea. Dejan un hueco visible que empobrece el efecto estético de la pieza y debilita su estructura (figuras 41 y 42).

Los nudos transversales son de forma alargada y ovalada y ocupan casi por completo la cara de la pieza (fig. 43).

La gema es otro defecto de la madera. Es la parte de la corteza o la ausencia de madera que puede hallarse por cualquier causa en los bordes o esquinas de la madera aserrada (fig. 44).

Las fendas son hendiduras longitudinales que se extienden a través de los anillos de crecimiento. Pueden aparecer en las caras, en los cantos o en las testas (fig. 45).

Escuadrías

La madera escuadrada normalizada toma diversas denominaciones según sus dimensiones de grosor y anchura. La escuadría de una pieza de madera viene definida por las dimensiones del espesor y la anchura; de este modo, una tabla de 2,5 cm de grueso por 15 cm de anchura se dirá que tiene 2,5 x 15 cm de escuadría.

A continuación se detallan las más empleadas.

Fig. 39 Testa de una pieza de madera de pino donde pueden apreciarse los anillos de crecimiento

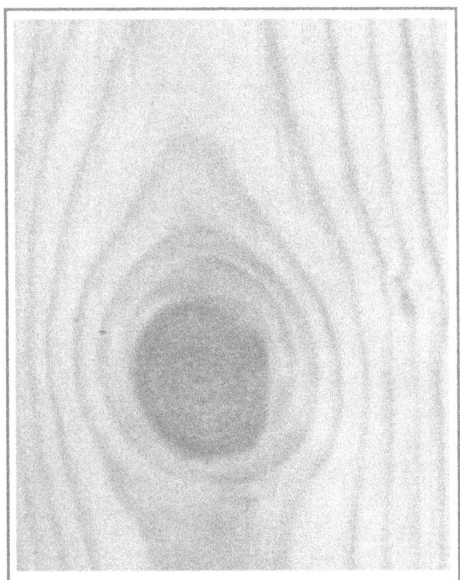

Fig. 40. Nudo adherente

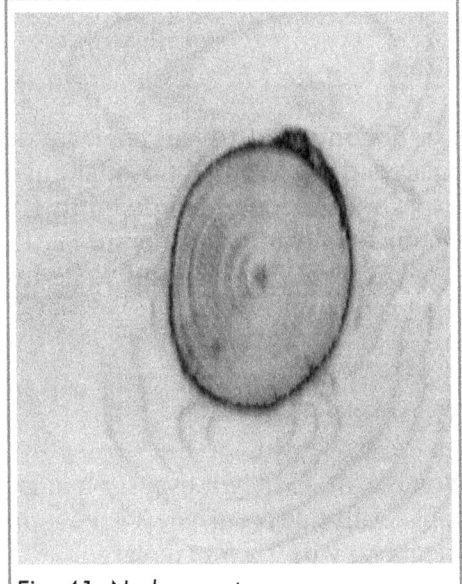

Fig. 41. Nudo muerto

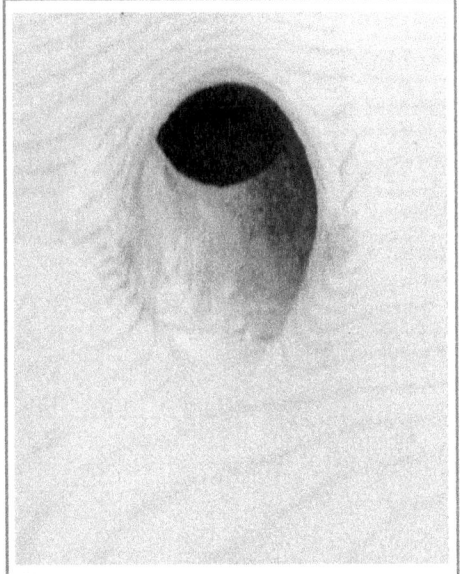

Fig. 42. Hueco que deja el nudo muerto al desprenderse

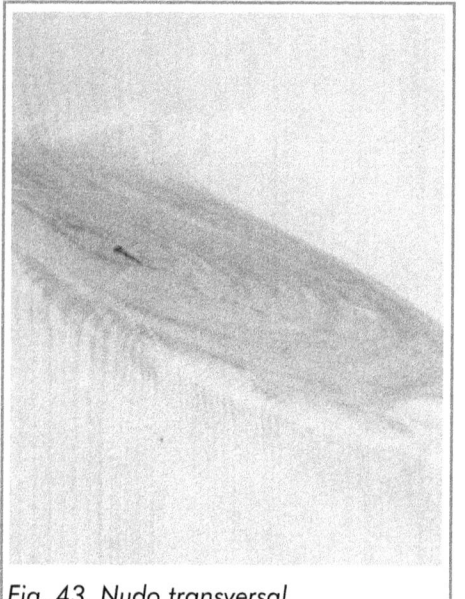

Fig. 43. Nudo transversal

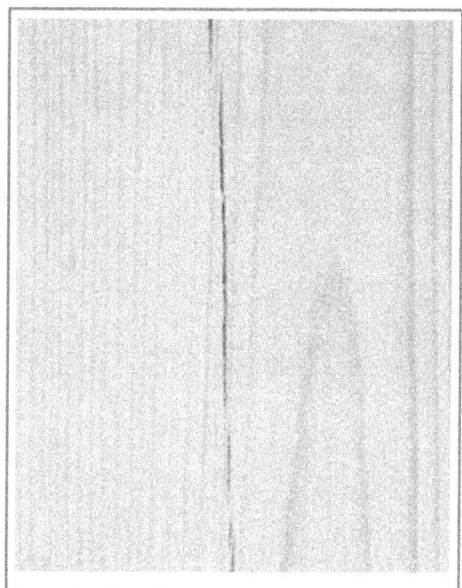

Fig. 45. Fenda

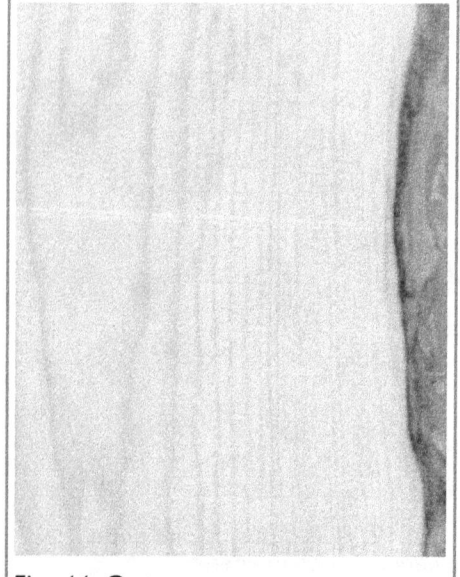

Fig. 44. Gema

TABLAS

Se denominan así las piezas de madera de sección rectangular cuyo espesor está comprendido entre 1 y 3 cm, su anchura oscila entre los 10 y los 25 cm, y su longitud va de los 2 a los 5 m.

TABLONES

Son piezas de mayor espesor que las tablas (más de 5 cm), de 10 a 25 cm de ancho y de 2 a 5 m de largo.
En la página siguiente puede verse una tabla en la que se detallan las escuadras de madera maciza más empleadas en carpintería.

TABLA DE ESCUADRÍAS DE MADERA MACIZA NORMALIZADA DE PINO O ABETO								
Grosores en centímetros	Anchuras en centímetros							
1,70	7,6	10,1	12,7	15,2	17,7	20,3	—	—
2,54	7,6	10,1	12,7	15,2	17,7	20,3	—	—
3,17	—	10,1	—	15,2	17,7	20,3	—	—
3,81	7,6	10,1	—	15,2	17,7	20,3	—	—
5,02	7,6	10,1	—	15,2	17,7	20,3	—	—
6,35	7,6	10,1	—	15,2	17,7	20,3	—	—
7,62	7,6	10,1	—	15,2	17,7	20,3	22,8	—
10,6	—	—	—	—	—	20,3	22,8	25,4

Longitudes más corrientes de tablas y tablones: 390, 420 y 450 cm.

Maderas adecuadas para la construcción de estanterías

Para la construcción de estanterías suele emplearse madera maciza por su gran resistencia y durabilidad. Aunque existe una gran variedad de especies, las más adecuadas son el pino, el abeto, el haya y el roble, ya que suelen ser más baratas, más fáciles de trabajar y pueden adquirirse en las medidas que se deseen.

Además de la madera maciza, pueden emplearse otros materiales como, por ejemplo, aglomerados, contrachapados, etc. La elección dependerá de la función que se desee dar al mueble así como del acabado (barnizado, chapado, etc.) y de las dimensiones que deberá tener.

Abeto

Su apariencia es similar a la del pino, aunque es un poco más clara y blanda. La madera de abeto destaca por su elasticidad y flexibilidad. Además, es resistente, ligera y porosa. Su aspecto es blanquecino con nudos abundantes muy oscuros y redondos. Se ha empleado tradicionalmente en la construcción de muebles rústicos y en carpintería de armar, así como también en la construcción de instrumentos musicales.

Las dos clases más importantes son la roja y la blanca. En su mayor parte procede de Suecia, Finlandia y Canadá.

Se ha empleado tradicionalmente para la construcción de muebles e instrumentos musicales.

Haya

Puede ser blanca o vaporizada, más oscura y rojiza. Es muy dura y flexible. Se tiñe y barniza bien, aunque es atacada por los insectos.

Pino

Su madera es la más empleada en carpintería y ebanistería. De entre todas las variedades se prefiere la del pino silvestre por su resistencia, su comodidad y por las numerosas posibilidades de acabado que brinda, pues se pule y barniza muy bien (fig. 46).

Roble

Su madera gozó de una gran aceptación entre los ebanistas de la Edad Media, si bien fue sustituida paulatinamente por el nogal.

Se emplea para la construcción de muebles, puertas, ventanas y en la carpintería exterior, ya que resiste a los hongos y a la humedad.

Materiales prefabricados

Antiguamente los carpinteros sólo disponían de madera maciza para fabricar anchos paneles.

Los tableros de gran anchura de madera maciza de una sola pieza o de tablas ensambladas según técnicas tradicionales corren el peligro de deformarse y su manejo es muy incómodo. En la actualidad se han sustituido por tableros prefabricados indeformables de gran anchura y diversos grosores que, según sus características, pueden clasificarse

Fig. 46. La madera de pino y la de abeto son las más empleadas en las labores de carpintería

en tableros aglomerados, contrachapados y de alma maciza (fig. 47).

El aglomerado

El aglomerado es un material idóneo para la construcción de estanterías. Se presenta en crudo o revestido por chapas naturales o melaminas. Está formado por partículas de madera seleccionadas según su tamaño y su grosor, de forma que las más pequeñas se sitúan en las capas exteriores y las más grandes se colocan en el interior. Se pulveriza cola y a continuación se compacta el conglomerado obtenido en una prensa para obtener el grueso deseado. Posteriormente se lijan las superficies y se cortan a la medida estándar, siendo la más empleada la de 244 x 122 cm con gruesos de 16 y 19 mm.

El tablero aglomerado rechapado

Está formado por un tablero de partículas revestido por ambas caras con chapas finas de primera calidad de madera natural como roble, embero, nogal, haya, sapelli, etc.

Las medidas más corrientes son de 244 x 122 cm con gruesos de 9, 11, 16 y 19 mm.

Se emplean profusamente en la fabricación de muebles y en decoración. Se puede utilizar para construir estanterías que hayan de ir barnizadas. En algunos casos será necesario aplacar el canto con chapa o con un regrueso de madera de la misma especie.

El tablero contrachapado

Son tableros muy apreciados por carpinteros y ebanistas. Su origen se

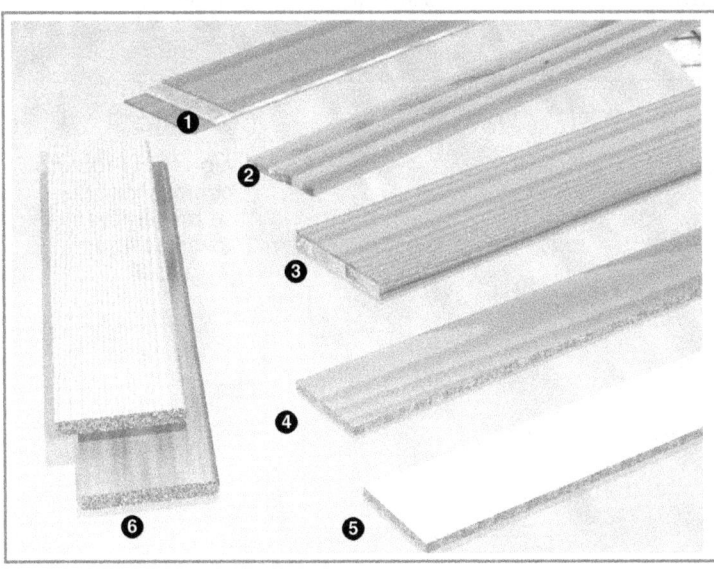

Fig. 47. Materiales prefabricados:
1. tablero contrachapado;
2. tablero alistonado;
3. tablero de alma maciza;
4. tablero aglomerado rechapado;
5. tablero aglomerado melamínico;
6. tablero aglomerado postformado

remonta al antiguo Egipto, donde se fabricaban tableros de seis capas entrecruzadas.

El tablero contrachapado actual está formado por un número impar de chapas que será mayor o menor en función del grosor que se quiera obtener (fig. 48).

Cada capa está encolada y contrapeada (es decir, dispuesta a 90° respecto a las anteriores) para obtener una gran resistencia y estabilidad. Puede utilizarse para la construcción de estanterías siempre y cuando se pinten.

Los tableros de densidad media o DM

Este tipo de tableros está compuesto de fibras de madera molidas, encoladas y a alta presión para obte-ner un tablero homogéneo, compacto, estable y de una gran densidad que permite el perfilado de molduras.

Por todo ello, es idóneo para estanterías que deban ir pintadas o la-cadas.

El tablero de fibras

Está formado por fibras de madera obtenidas mediante el molido de pequeñas piezas de madera y sometidas a una gran presión sin que se le añada cola, aprovechando en este caso las propiedades de la lignina que contienen las fibras, un aglomerante natural que junto con la celulosa forma la estructura de los arboles.

Se presenta prelacado para pintar o lacar, o bien revestido con un laminado estratificado (formica), y en imitación de maderas como el sapelli, el haya, el roble y otras.

Las principales medidas que podemos encontrar en el comercio

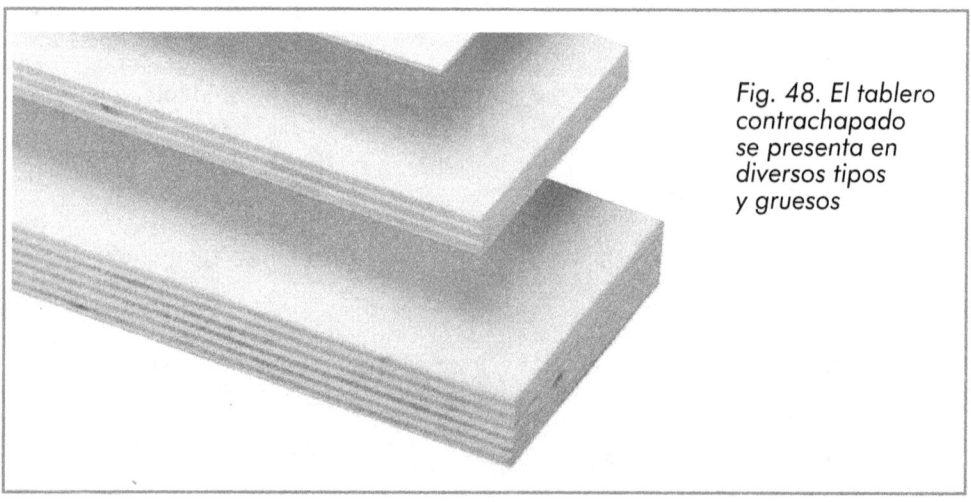

Fig. 48. El tablero contrachapado se presenta en diversos tipos y gruesos

son 244 x 122 cm y 244 x 150 cm con un grueso de 3,2 mm.

Estos tableros son duros, resistentes y aislantes, y dan muy buenos resultados como trasera de estantería o como fondo de cajones.

El tablero alistonado

Está formado por listones encolados de 20 mm de ancho. Se fabrica en tableros de grandes dimensiones cuyo espesor oscila entre los 16 y los 52 mm.

El tablero alistonado mejora las cualidades naturales de la madera, ya que en su fabricación se eliminan los defectos típicos de la madera como nudos o grietas y se mejora su estabilidad y resistencia.

Los paneles laminados encolados

Son tableros de madera cruzada o alma de listones de pino o abeto blanco del Norte. Se comercializan en longitudes que oscilan entre los 85 y los 235 cm, con anchuras de 20 a 60 cm y grosores de 18 a 28 mm.

Suele emplearse en la construcción de estanterías cuando son necesarias piezas de gran anchura.

Los tableros melamínicos

Están compuestos de un tablero de partículas recubierto con una lámina de papel impregnado con resinas melamínicas muy duras y transparentes. Son resistentes a la abrasión y a las manchas, y pueden limpiarse fácilmente (fig. 49).

Pueden adquirirse en varios colores lisos o bien imitando maderas como la del haya, el fresno o el roble. Las dimensiones estándar son 244 x 122 cm, y los grosores pueden ser de 8, 12, 16 y 19 mm.

También están disponibles en tableros cortados de diversas anchuras (195, 295, 395, 495 y 595 mm) con todos los cantos revestidos.

Sus principales aplicaciones son la construcción de estanterías, módulos y el mobiliario de oficina y juvenil.

Los tableros de alma maciza

Están compuestos de un núcleo de listones de madera maciza recubierto por tableros contrachapados. Puede emplearse en la construcción de estanterías cuando se requiera piezas de un grosor y anchura considerables (fig. 50).

Las chapas

El chapado de la madera es una técnica muy antigua, en la cual los egipcios también fueron los precursores.

La primera noticia que se tiene de esta técnica es una referencia a una mesa chapada y decorada con

Fig. 49. Tablero aglomerado melamínico

Fig. 50. Tableros de alma maciza

incrustaciones que recibió Julio César como regalo de Cleopatra hace más de 2.000 años.

Las chapas son láminas de madera natural de 1 mm de grosor aproximadamente. Se pueden comprar sueltas o en paquetes de 32 chapas que deben disponerse consecutivamente para mantener la continuidad de la veta. Existe una gran variedad de especies, texturas y colores. Se aplican sobre tableros de aglomerado en crudo o contrachapados.

En la construcción de estanterías, pueden utilizarse como revestimiento de tableros aglomerados o contrachapados. Suelen fijarse con cola de contacto o con plancha si su envés tiene una capa de cola termofusible.

TÉCNICAS BÁSICAS PARA LA CONSTRUCCIÓN DE ESTANTERÍAS

Los egipcios crearon la mayoría de las técnicas actuales de ensamblaje en madera maciza, como el machihembrado, la cola de milano o la unión con clavijas de madera. Sin embargo, en el mundo del bricolaje, las técnicas empleadas suelen ser más sencillas, ya que casi no suele emplearse cola. A continuación pueden verse algunos de los sistemas empleados para unir dos o más piezas de madera.

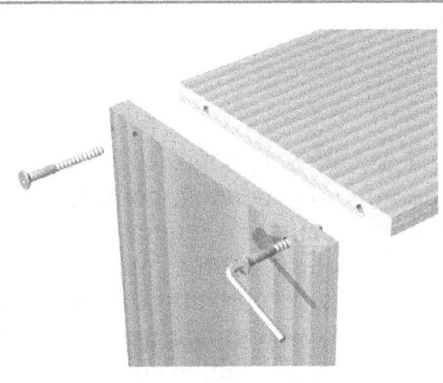

Fig. 51. Montaje de estanterías mediante el empleo de tornillos Allen

Uniones desmontables

Unión mediante tornillos de ensamblaje Allen

Se trata, sin duda alguna, del sistema de montaje más popular gracias a su facilidad y rapidez de colocación. Tan sólo se requiere un taladro, una broca-fresa especial y una llave Allen para el atornillado (fig. 51).

Aunque la cabeza del tornillo es visible desde el exterior, puede ocultarse con un embellecedor.

Acabado de los cantos

Nunca hay que dejar las aristas vivas en los cantos de los elementos que componen las estanterías para mejorar el acabado y, de paso, evitar futuros arañazos.

Son varios los acabados que pueden aplicarse a los cantos. Todo depende del material que se emplee (madera maciza o tableros prefabricados).

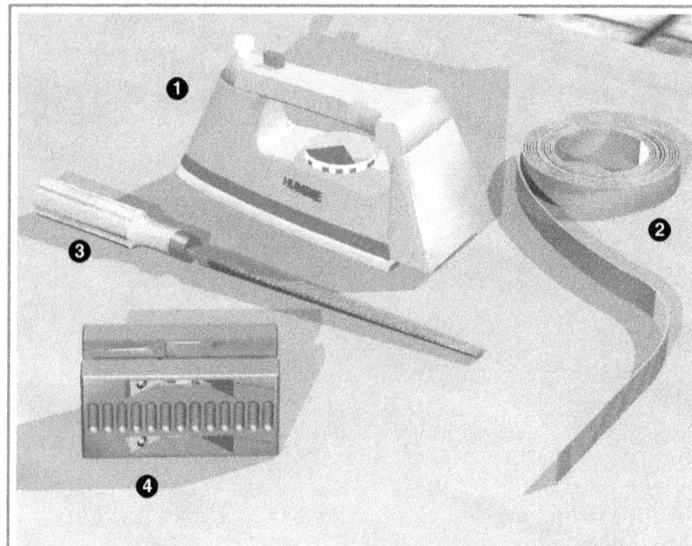

*Fig. 52. Accesorios para el aplacado de cantos:
1. plancha;
2. chapa preencolada;
3. lima;
4. refundidor de cantos*

Los tableros prefabricados y aglomerados rechapados, contrachapados o melamínicos requieren un acabado de los cantos mediante la aplicación de un canto de chapa de madera natural o bien uno sintético en función del tablero que se haya elegido (fig. 52).

Si se desea, puede aplicarse un regrueso de madera natural o de plástico.

Aplacado de los cantos

Para empezar, se marcan los cantos que van a chaparse, se pasa suavemente un papel de lija para eliminar rugosidades, se centra la chapa sobre la madera, se presiona levemente y se pasa la plancha (fig. 53). Hay que procurar que la chapa sea un poco más grande que el canto del tablero para trabajarla con más comodidad. Cuando la cola se haya adherido, se presionará con un taco de madera hasta conseguir una adherencia perfecta.

Si al pasar los dedos por la chapa se nota que algún punto está desencolado, habrá que aplicar de nuevo la plancha.

A continuación, se recorta el sobrante de la cinta y se pulen las aristas con una lima o un refundidor de cantos, una herramienta de PVC, melamina o chapa natural que permite dar un buen acabado al canto por ambas caras a la vez y sin necesidad de hacer ningún retoque posterior (fig. 54).

Si se desea, puede matarse el canto pasando un taco de madera envuelto con lija o una lima fina procurando no rayar la superficie (figura 55).

Fig. 53. Aplacado de un canto de chapa preencolada mediante la plancha

Obtención de la madera cepillada y escuadrada

Proceso de escuadrado de una pieza de madera mediante maquinaria portátil

Si se adquiere la madera en el almacén sin labrar, habrá que pulirla y escuadrarla en el taller. Para conseguir un buen resultado habrá que proceder de la manera siguiente.

En primer lugar, se trocearán con la sierra tronzadora o la circular de sobremesa las tablas o tablones para conseguir la longitud necesaria (figura 56).

A continuación, se cortará al hilo (es decir, siguiendo la dirección del largo de la pieza) obteniendo piezas más estrechas o delgadas mediante la sierra circular de sobremesa (figura 57).

La cara y el canto se labra con cepillo eléctrico sujeto en su soporte, y luego se repite el mismo procedimiento con la cara y el canto opuestos, si bien en esta ocasión el cepillo se convierte en una regruesadora (figs. 58-60).

Una vez se han obtenido las piezas deseadas, puede procederse al marcado y ejecución de los ensambles necesarios para la construcción de la estantería.

Acoplamientos de piezas

Las piezas escogidas para la construcción de estanterías de madera maciza no siempre tienen la anchura requerida, ya que el ancho más corriente de las tablas y tablones no suele superar los 15 o los 17 cm. En este caso deben unirse dos o más pie-

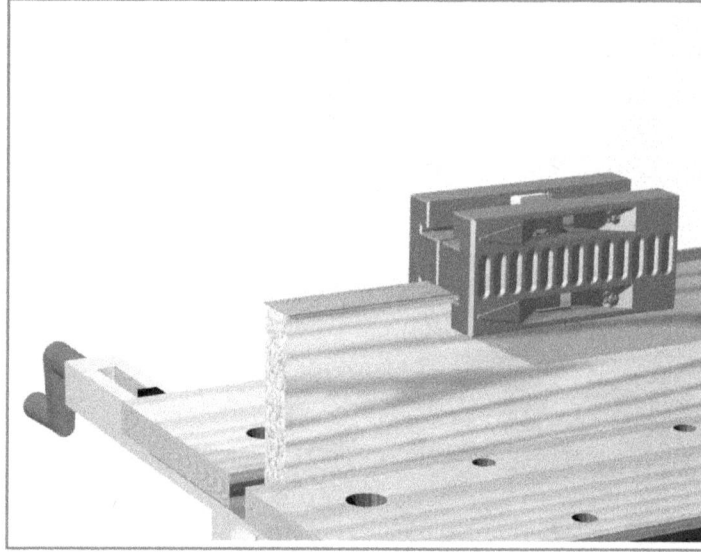

Fig. 54. Eliminación del sobrante de los cantos con el refundidor

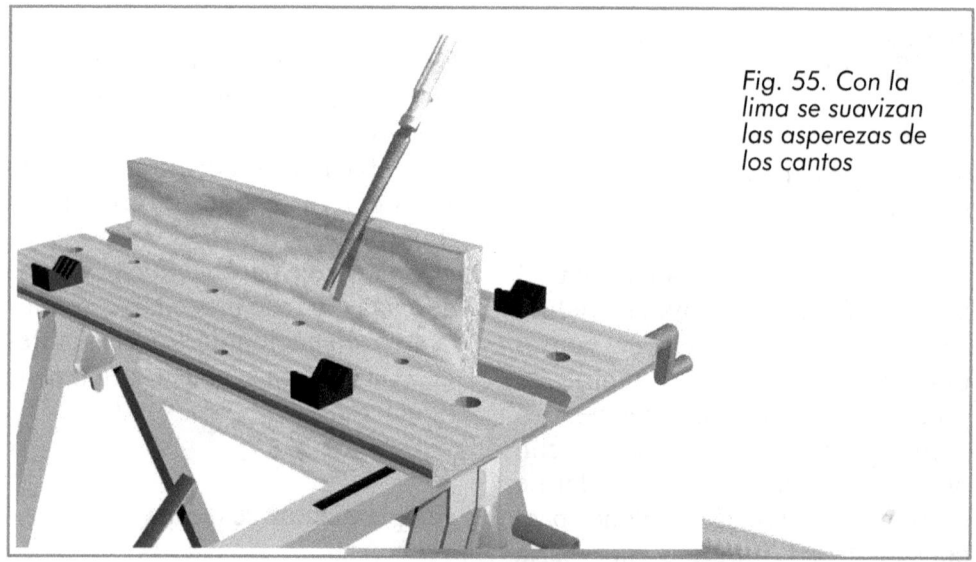

Fig. 55. Con la lima se suavizan las asperezas de los cantos

zas por sus cantos acoplándolas de forma que ajusten perfectamente (fig. 61).

La unión de las piezas puede hacerse interponiendo en la junta clavijas, falsas espigas o, si se prefiere «galletas», unas pastillas de madera de haya que deben introducirse en unas ranuras que se hayan hecho previamente con la fresadora.

TÉCNICAS BÁSICAS PARA LA CONSTRUCCIÓN ...

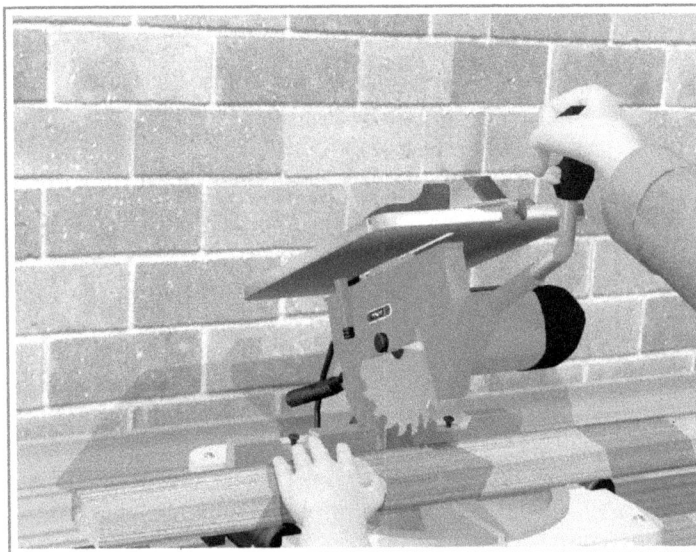

Fig. 56. Para cortar la madera maciza al través puede emplearse la sierra tronzadora

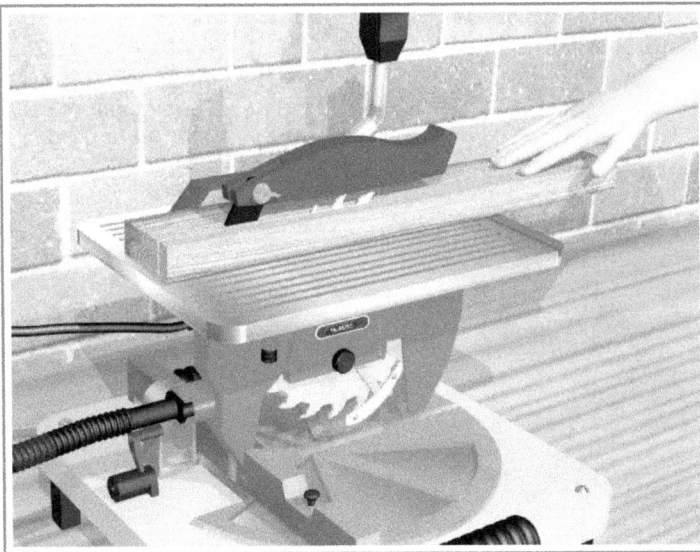

Fig. 57. La mesa superior de la sierra tronzadora permite cortar la madera maciza al hilo

Unión con clavijas

Por lo general se utiliza en el ensamble en ángulo. Para ello, deben realizarse taladros en ambas piezas para introducir cilindros encolados de haya de 6 a 8 mm de diámetro. El ranurado de las clavijas permite la penetración de la cola hasta el fondo del taladro, lo cual mejora la unión.

Fig. 58. Puede emplearse el cepillo de forma estacionaria para cepillar la cara de la pieza

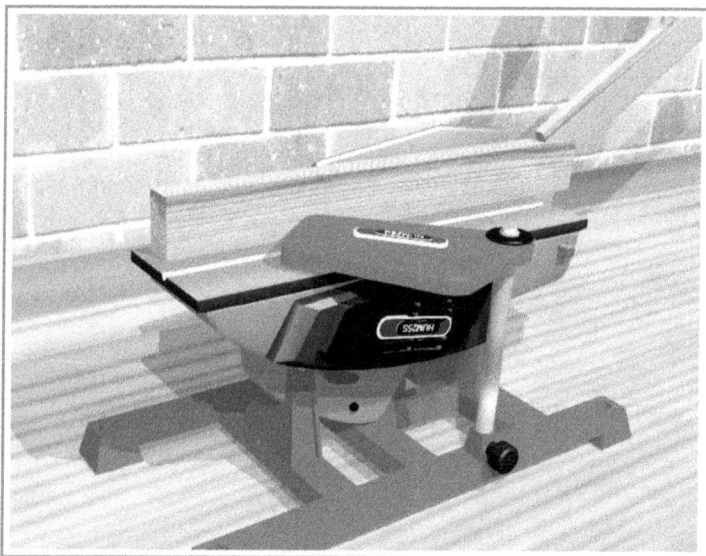

Fig. 59. También puede cepillarse el canto de la pieza de la misma manera

TALADRADO DE LOS AGUJEROS PARA LAS CLAVIJAS

Para empezar, habrá que marcar con un punzón el emplazamiento exacto del agujero que vaya a taladrarse para evitar el riesgo de deslizamiento de la punta de la broca mientras se tiene el taladro encendido, lo cual podría estropear la pieza.

Fig. 60. Si se emplea el cepillo eléctrico como regruesadora, es más fácil conseguir que las cuatro caras de la pieza queden bien escuadradas y sean paralelas entre sí

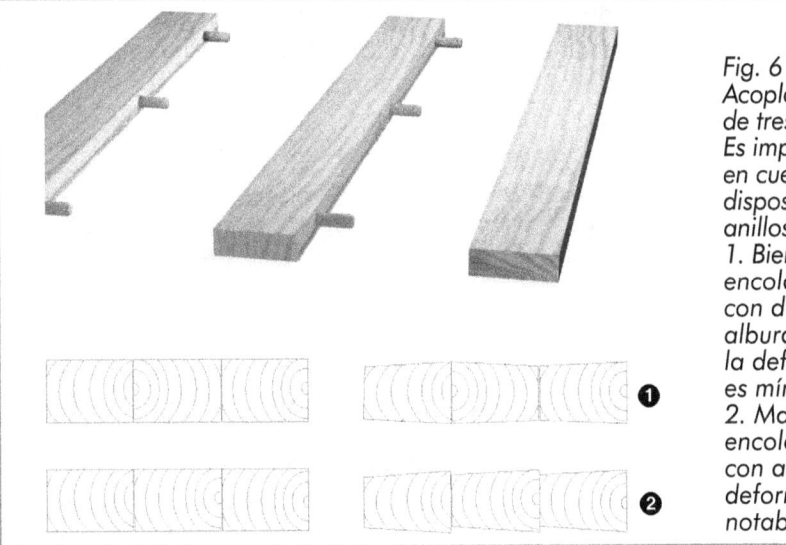

*Fig. 61. Acoplamiento de tres piezas. Es importante tener en cuenta la disposición de los anillos.
1. Bien. Si se encola duramen con duramen o albura con albura, la deformación es mínima.
2. Mal. Si se encola duramen con albura, la deformación es notable*

A la hora de perforar, habrá que tener en cuenta la longitud de la clavija y el trozo que sobresaldrá cuando se haya introducido en el agujero.

La broca deberá ser de 8 mm de diámetro, especial para madera y provista de una punta de centrado. La profundidad de la perforación se ajustará mediante el limitador.

Acabados de la madera

Por lo general se considera acabada una estantería cuando se le da una capa protectora y decorativa de barniz, laca, pintura o cera.

El barniz y la cera son productos transparentes que, una vez aplicados, dejan ver el veteado o las fibras de la madera. En cambio, las pinturas cubren totalmente la superficie y forman una película opaca y uniforme.

Pulido

Antes de barnizar, pintar o lacar es necesario realizar una cuidadosa preparación de la superficie de la madera, ya sea maciza o de tablero prefabricado. Hay que tener presente que el barniz no disimula los defectos de la superficie, sino que, por el contrario, los resalta. Después de lijar hay que limpiar el polvo resultante con un cepillo o una brocha.

En el caso de aglomerados rechapados, hay que emplear la lijadora orbital con precaución, ya que es muy agresiva y fácilmente puede estropear el revestimiento de chapa. Si se prefiere, puede repasarse la superficie a mano, como en el caso del pulido de la madera maciza, con papel de lija fino.

Para lijar las molduras, puede utilizarse una esponja abrasiva fina o presionar con los dedos el papel de lija para adaptarlo a la curva de la moldura.

Barnizado

Debe realizarse siempre antes de montar la estantería para evitar que se concentre un exceso de barniz en los rincones y estropee el aspecto final.

BARNIZADO A PISTOLA

Es muy sencillo utilizar la pistola de barnizar, aunque deben seguirse unas pequeñas normas para obtener un buen resultado. Existen dos tipos de pulverizadores: los de accionamiento sin aire y los que funcionan con aire comprimido.

Antes de llenar el depósito de la pistola, habrá que asegurarse de que el barniz es bastante fluido. Por lo general, hay que añadirle un 10 o un 15 % de disolvente especial. En todo caso, antes de comenzar, conviene seguir las instrucciones del fabricante.

Cuando la pistola esté lista, se hará una prueba en un trozo de madera que sea de las mismas características que la tabla que va a pintarse (fig. 62). Tras comprobar que no hay obstrucciones en la boca aspersora que impidan un acabado regular y homogéneo, y que la abertura de aspersión es la más indicada, se podrá empezar a barnizar (fig. 63).

La superficie que debe barnizarse nunca debe estar completamente plana. Es mejor inclinarla un poco para que la pistola forme un ángulo de 90° con ella (fig. 64).

Fig. 62. Antes de comenzar a barnizar, deberá hacerse una prueba en una superficie de las mismas características para asegurarse de que no hay obstrucciones en la boca aspersora que impidan un acabado regular y homogéneo

Fig. 63. Conviene barnizar con un compresor. La potencia puede regularse mediante un manómetro y, si fuera necesario, habrá que modificar la proporción del disolvente mezclado con el barniz

Para aplicar de manera uniforme el barniz, habrá que mover la pistola en sentido vertical la primera vez y horizontal la segunda. La distancia deberá ser siempre la misma (entre 15 y 20 cm), y la pistola tendrá que mantenerse perpendicular a la tabla (fig. 65).

Para comenzar, se marcará el contorno procurando que el chorro de

Fig. 64. Es conveniente colocar dos pequeños listones de forma triangular debajo de la pieza para reducir el contacto con la superficie de apoyo

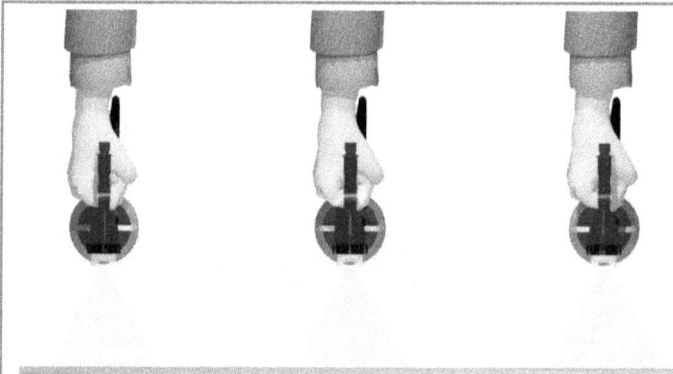

Fig. 65. La pistola debe desplazarse siempre paralela a la superficie, formando un ángulo de 90° con respecto a ella y manteniéndola a una distancia de 15 a 20 cm

barniz cubra tanto el canto como la superficie del tablero. Conviene cargar más en los extremos, pues el barniz tiende a acumularse por el centro (fig. 66). A continuación, se aplicará una capa en sentido longitudinal o en dirección contraria a la veta, de manera que cada pasada cubra la mitad de la anterior. De esta forma, se asegura un acabado uniforme (fig. 67).

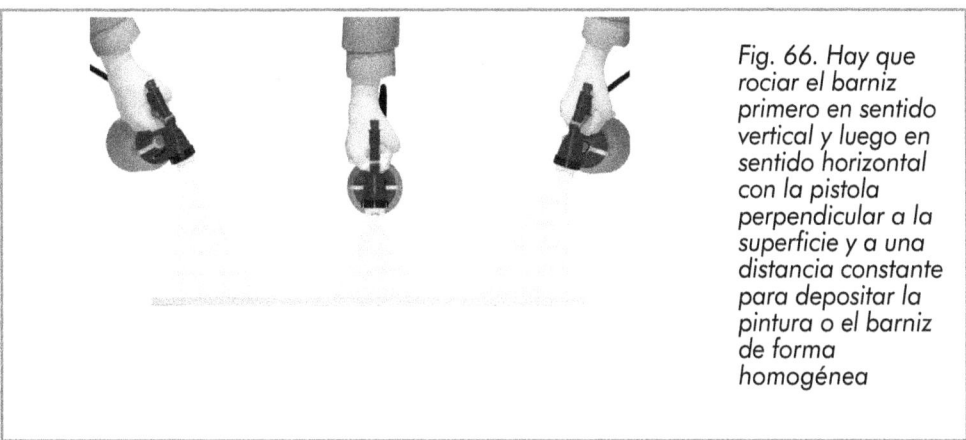

Fig. 66. Hay que rociar el barniz primero en sentido vertical y luego en sentido horizontal con la pistola perpendicular a la superficie y a una distancia constante para depositar la pintura o el barniz de forma homogénea

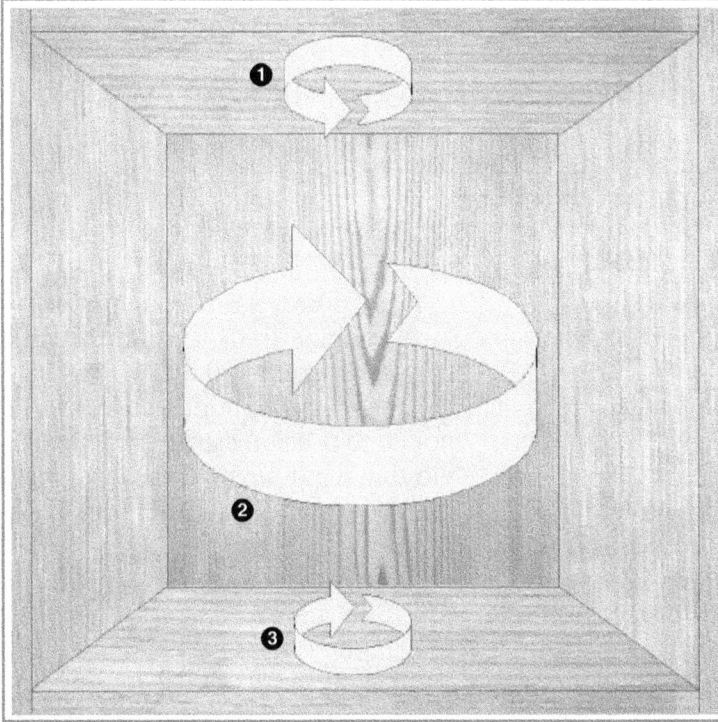

Fig. 67. Orden de pulverización en el caso de interiores de estanterías o armarios:
1. pulverizar en zona superior;
2. pulverizar en zona central;
3. pulverizar en zona inferior

El gatillo debe mantenerse apretado desde que comienza a pintarse el primer canto hasta que se acaba de repasar el último.

Es importante no disminuir en ningún momento la presión para repartir bien el barniz y garantizar un acabado uniforme del mueble.

CONSEJOS DE SEGURIDAD

✔ Si no se toman las debidas precauciones, el barnizado a pistola puede ser perjudicial para la salud. Habrá que utilizar una mascarilla adecuada con cartuchos filtrantes para evitar las inhalaciones. Los guantes de látex, además, protegen las manos de posibles alergias e irritaciones.

✔ Durante todo el proceso, deben mantenerse las ventanas abiertas, aunque sin provocar corrientes de aire.

✔ Para no ensuciar el taller puede prepararse con cartones una pared de protección.

✔ Las gafas protectoras son imprescindibles.

✔ Está rigurosamente prohibido fumar o tener una llama cerca de la zona.

BARNIZADO DE LAS ESTANTERÍAS CON TAPAPOROS NITROCELULÓSICO

Para empezar, se pulen las piezas con papel de lija de los n.os 5 o 6 y se elimina el polvo resultante.

Se aplica con paletina o pistola una mano de barniz tapaporos nitrocelulósico rebajado con disolvente universal (según las proporciones indicadas por el fabricante).

Al cabo de unas seis u ocho horas, cuando la superficie está seca, se alisará con papel de lija de los n.os 280 o 320.

A continuación, se aplicarán dos capas más repitiendo el mismo procedimiento.

Por último, se dará una capa de laca satinada transparente, rebajada con disolvente al 30 o al 50 %.

Transcurridas entre seis y ocho horas, se pasa un estropajo de aluminio fino o pulimento de acabado para que la superficie adquiera un brillo satinado.

Encerado

La cera puede encontrarse en el mercado en dos formas: incolora o teñida. Se puede dar una capa de acabado después de aplicar el barniz tapaporos nitrocelulósico y en lugar de la laca.

> **CONSEJOS PARA LA UTILIZACIÓN
> DE LOS BARNICES NITROCELULÓSICOS**
>
> ✓ *Hay que agitar el recipiente antes de abrirlo.*
>
> ✓ *Después de usarlo, deberá cerrarse herméticamente.*
>
> ✓ *Es preciso tomar ciertas medidas de seguridad, pues el producto es tóxico por inhalación y, en caso de exposición prolongada, puede ocasionar lesiones graves.*

Modo de dar la cera

Antes de aplicarla, debe frotarse la madera con un estropajo de aluminio fino untado de cera, de manera que quede bien extendida por la superficie. Pasadas unas horas, habrá que frotar enérgicamente con un paño hasta obtener un brillo satinado y uniforme.

Los antiguos egipcios conseguían un acabado suave frotando la pieza contra un bloque de madera o bien utilizando un puñado de arena como abrasivo.

Teñido

Los tintes se emplean, antes de aplicar el barniz, para modificar o resaltar el color natural de la madera sin cambiar el aspecto de las fibras. Además, permite imitar el tono y coloración de maderas más preciadas (como, por ejemplo, el nogal o la caoba) y disimular defectos u homogeneizar la coloración de una pieza de madera.

En los establecimientos especializados pueden adquirirse los siguientes tipos:

— tintes al agua;
— tintes al alcohol;
— tintes al aceite.

El más fácil de utilizar es el primero, aunque al aplicarlo suele levantar una ligera pelusa en la madera.

Presentación del tinte

Existen tintes naturales como, por ejemplo, la nogalina, de aspecto granulado oscuro y que se obtiene mediante la pulverización de la cáscara de nuez. En la actualidad se utilizan tintes artificiales que se presentan, por lo general, en sobres de colorantes dispuestos para mezclar y disolver en agua o alcohol. También se presentan en envases preparados para aplicar directamente sobre la madera.

PREPARACIÓN DEL TINTE

Se disuelve una cucharada de nogalina en polvo en medio litro de agua caliente, se remueve bien y se deja reposar durante 20 minutos. A continuación, se cuela la mezcla con una gasa para evitar que se acumulen grumos que manchen la madera.

APLICACIÓN DEL TINTE

Antes de aplicar el tinte, conviene hacer una prueba sobre una pieza sobrante de la misma madera que va a emplearse. Si al secarse presenta la tonalidad deseada, se eliminará el polvo que pudiera haber sobre la superficie que desea teñirse, y se aplicará el tinte con paletina, esponja, pistola o incluso por inmersión, haciéndolo de manera uniforme sin pasar dos veces por la misma zona, ya que la madera se oscurecería en exceso.

Una vez extendido el tinte, se igualará la coloración de la superficie pasando un trapo seco para eliminar el exceso de líquido. Es preciso tener en cuenta, sin embargo, que algunas zonas de la madera pueden absorber más rápidamente que otras

el tinte, dando la impresión de que no se ha aplicado en esa zona.

Si se desea una tonalidad más oscura, podrá darse una segunda capa.

Aplicación de lacas o pinturas

Las pinturas o esmaltes son productos que además de proteger la madera la decoran cambiando su color mediante una capa opaca.

PREPARACIÓN DE LA SUPERFICIE DE MADERA

Si se desea obtener un acabado satinado de gran calidad, debe pulirse la madera con papel de lija del n.º 00 o del n.º 000 y eliminarse el polvo resultante.

Se aplica una capa de selladora sintética especialmente preparada para superficies porosas. Para homogeneizar la superficie, se emplea una paletina ancha y se deja secar entre 24 y 48 horas.

A continuación, con una espátula se da una capa de aparejo para cubrir las irregularidades y se deja secar entre 12 y 24 horas.

Se frota el mueble con papel de lija del n.º 320 o del 360 seco o al agua hasta conseguir una superficie lisa y uniforme.

Con una paletina ancha, un rodillo de espuma o mediante pistola pulverizadora se da una mano de laca satinada del color elegido.

Se pule la superficie con papel de lija del n.º 360 al agua, se elimina el polvillo resultante y se deja secar. Por último, se aplica la última mano de la laca satinada.

SELLADORAS ACRÍLICAS

Las selladoras acrílicas son productos al agua especialmente apropiados para sellar superficies porosas y conseguir

---

**CONSEJOS Y PRECAUCIONES
PARA EL EMPLEO DE PINTURAS Y LACAS**

✔ *Los cantos absorben siempre mayor cantidad de pintura.*

✔ *Hay que limpiar adecuadamente los pinceles y rodillos para garantizar su duración.*

✔ *Conviene cerrar herméticamente el envase para conservar el sobrante de pintura.*

✔ *Si se aplica a pistola, debe hacerse en un local con ventilación suficiente y además utilizar una mascarilla de cartuchos filtrantes.*

✔ *La mayoría de estos productos es inflamable, por lo que deberán tomarse todas las precauciones pertinentes.*

**RECOMENDACIONES PARA EL MANTENIMIENTO
DE LOS PINCELES**

✔ *Las brochas deben limpiarse cuidadosamente después de haberlas utilizado.*

✔ *El barniz sobrante ha de guardarse en un recipiente metálico hermético.*

✔ *El pincel suele conservarse en remojo en agua o en bote de disolvente tapado con un cartón. Para que no se estropeen los pelos del pincel, puede mantenerse suspendido mediante una pinza de tender la ropa.*

acabados de gran calidad en cuanto a brillo y color. Su aplicación es sencilla, se seca en una hora y al cabo de cuatro puede darse otra mano.

Los utensilios empleados son muy fáciles de limpiar.

Pintura sobre melamina

Se lija la superficie previamente para obtener una mayor adherencia y se aplica esmalte acrílico con un rodillo de espuma de poro cero. La pintura acrílica tiene un gran poder de cubrición.

Barnices y selladoras de base acuosa

Los barnices con disolventes presentan varios inconvenientes: son inflamables, tóxicos, producen irritaciones y alergias, y son contaminantes.

Los productos a base de agua pueden aplicarse en locales cerrados, ya que no huelen mal y no son inflamables. Además, pueden aplicarse con facilidad y sus resultados son excelentes, si bien en algunos casos dejan ver las marcas del pincel o del rodillo.

INSTRUCCIONES Y MONTAJE

En este capítulo se presentan 25 modelos de estanterías. Los tres primeros son de una cierta complejidad, ya que exigen el conocimiento de algunas técnicas de ebanistería, por lo que se ha decidido explicarlos detalladamente con el fin de que sirvan de referencia a los veintidós restantes.

Sin embargo, antes es conveniente repasar los criterios básicos de planificación y construcción.

Planificación de estanterías

Las estanterías resultan básicas para mantener ordenado y accesible un buen número de objetos cotidianos como libros, discos compactos, colecciones de todo tipo y demás que, por su función decorativa, deberán quedar a la vista porque cumplen una función decorativa y además ser lo suficientemente accesibles.

Existen en muchas modalidades de estanterías. Antes de decidirse por un modelo en concreto hay que saber cómo va a utilizarse, ya que el tamaño y el peso de los objetos condiciona el diseño de la estructura y el grosor de los diversos elementos que componen el mueble.

Los tipos más frecuentes son los siguientes:

— de barras graduables;
— de suelo a techo;
— empotradas en huecos;
— descubiertas.

A la hora de diseñarla, es necesario considerar el espacio disponible y saber si el tipo de estantería proyectado cubre sus necesidades. Para ello deben considerarse las siguientes cuestiones:

— ¿qué objetos se desea colocar?;
— ¿soportará la estantería el peso?;
— ¿los soportes elegidos son los adecuados?;
— ¿dónde se colocará?;
— ¿a cuánto asciende el presupuesto?

INSTRUCCIONES Y MONTAJE

Algunos consejos

Antes de comenzar a cortar la madera, será necesario alzar un plano en el que pueda verse con detalle el aspecto final de la estantería y se calcule el espacio necesario para los objetos que vayan a colocarse.

Los libros que se consulten más a menudo se dispondrán a la altura de la vista mientras que los más grandes y pesados ocuparán la parte inferior de la estantería con el fin de proporcionar una mayor estabilidad.

Si se desea construir una estantería para la sala de estar, habrá que procurar que sus líneas y el color de la madera estén en consonancia con la decoración.

Por otra parte, no siempre tiene por qué estar fija a la pared: puede dividirse el espacio creando ambientes distintos en la misma estancia, como por ejemplo separando la sala de estar del comedor mediante una estantería.

Las estanterías en la cocina se disponen generalmente abiertas para

INSTRUCCIONES Y MONTAJE

ESTANTERÍAS DE PARED

  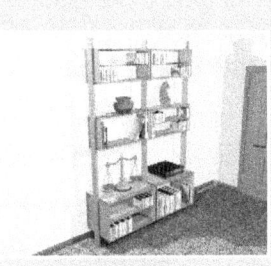

colocar objetos decorativos como platos y objetos de cerámica. Las ollas, sartenes y demás enseres será mejor guardarlas en los armarios.

Para dar mayor viveza al conjunto, pueden colocarse los estantes a alturas diferentes.

Una sencilla estantería baja puede dividir una habitación infantil lo suficientemente espaciosa en dormitorio y zona de juegos a la vez sin que queden aisladas por completo.

Aspectos básicos en la construcción de estanterías

Las dimensiones de un estante y su grosor dependen de la carga que deba soportar. Por lo general, se emplean estantes con grosores que oscilan de los 16 a los 22 mm. La distancia entre soportes no debe ser superior a los 80 o 90 cm, sobre todo si el grueso empleado es mínimo y la carga es pesada, ya que los estantes acaban alabeándose y la estantería se echa a perder.

Una estantería puede ser tan sencilla o tan compleja como se desee, en función de la habilidad, el conocimiento y las herramientas disponibles. Las medidas indicadas en cada uno de los proyectos son orientativas ya que dependen de las necesidades de cada persona.

Se muestra en cada proyecto un dibujo de la estantería ya montada, un despiece en el que las piezas pueden verse por separado ocupando las posiciones que les corresponderían en la realidad, además de detalles en perspectiva aclaratorios de la construcción de la estantería. Muchos detalles constructivos pueden emplearse en modelos diferentes.

Cada modelo se complementa con una lista de piezas y materiales, así como también de instrucciones de construcción y montaje.

Los diseños propuestos son, en general, sencillos, ya que se ha procurado ofrecer soluciones técnicas y métodos factibles que no sean estrictamente profesionales. Por ello se utilizan, preferentemente, ensambles o uniones basados en clavijas o tornillos de montaje de fácil ejecución.

Algunas estanterías requieren la aplicación de una o varias plantillas. Los detalles constructivos y las técnicas de realización pueden consultarse en los apartados correspondientes.

Los métodos constructivos indicados para cada una de las estanterías en concreto son sólo los aconsejables. Los demás métodos, técnicas y acabados pueden complementarse entre sí y emplearse indistintamente en la mayoría de los modelos presentados.

Es recomendable que antes de emprender la realización de cualquier trabajo se realice un dibujo a escala en donde se muestren las partes que componen un proyecto, así como sus dimensiones. También es conveniente realizar un dibujo a tamaño natural de los detalles constructivos significativos, como pueden ser, por ejemplo, los ensambles o determinados perfiles de las molduras que deban realizarse con la fresadora.

INSTRUCCIONES Y MONTAJE

INSTRUCCIONES GENERALES

✔ A ser posible, habrá que adquirir madera cepillada y escuadrada para facilitar las operaciones de construcción y montaje.

✔ Si la madera empleada es de distinto grosor y anchura que los que se indican en los modelos, habrá que ajustarse a las medidas de la lista de piezas.

✔ Si fuera necesario trabajar con una superficie ancha y no se tiene a mano ningún tablero, se pueden encolar varios listones entre sí formando juntas a tope reforzadas con clavijas.

✔ Al construir un tablero macizo puede alternarse la posición de las piezas con el fin de equilibrar las tensiones producidas por los anillos anuales.

✔ El corte de las piezas deberá realizarse por fuera de la línea del lápiz dejando un suplemento de material que pueda cepillarse o lijarse hasta alcanzar las dimensiones previstas en el diseño.

✔ Después de que las piezas se hayan cortado y ajustado a las medidas correctas, se trazarán y ejecutarán los ensambles según se indica en los detalles de cada modelo.

✔ Con cada modelo se dan instrucciones para su correcta construcción y montaje.

✔ Antes de encolar las piezas de las estanterías que lo requieran, debe comprobarse el ajuste de la unión.

✔ Las piezas encoladas deben mantenerse presionadas durante un mínimo de 8 horas, aunque lo mejor es dejarlo fraguar hasta el día siguiente.

✔ El mueble debe barnizarse antes de montarlo, ya que de lo contrario el barniz podría acumularse en los rincones.

INSTRUCCIONES Y MONTAJE

PRIMER PROYECTO AVANZADO

Estantería n.º 1

Este proyecto consiste en la realización de una estantería con dos puertas acristaladas con marco que la cubren por completo, dejando libre, en la parte inferior, un pequeño zócalo (fig. 68).

Materiales, maquinaria y accesorios

Para construir el modelo de estantería que se propone como ejemplo, es necesario disponer de los siguientes materiales, herramientas y accesorios:

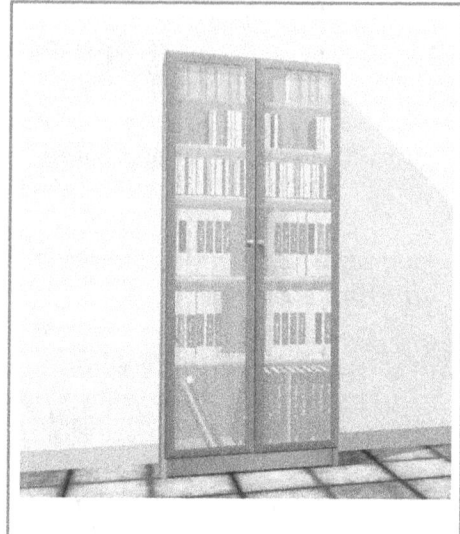

Fig. 68. Modelo

— listones y tablas de madera de pino o de abeto;
— herramientas manuales básicas de carpintería;
— sierra circular estacionaria;
— cepillo eléctrico con soporte;
— taladro eléctrico y soporte de columna;
— broca de tres puntas de 8 mm y centradores;
— broca Forstner;
— lijadora de banda;
— lijadora orbital;
— fresadora con mesa de fresado;
— un bote de cola blanca de carpintero;
— tornillos de apriete o gatos;
— hojas de papel de lija de los n.ºˢ 4, 5 y 6;
— barniz tapaporos y cera de acabados;
— hojas de papel de lija al agua del n.º 360;
— hojas de papel de dibujo o papel de embalaje para dibujar el croquis de la estantería;
— instrumentos auxiliares para medir y trazar (lápiz, escuadra, falsa escuadra, compás, etc.);
— clavijas, tornillos y puntas;
— soportes de estantes;
— bloques de montaje;
— dos pomos;
— tres bisagras de cazoleta de 26 mm de diámetro por puerta;
— cristales para las puertas.

El proceso de construcción comprende las siguientes etapas.

INSTRUCCIONES Y MONTAJE

Primera etapa: planificación

DIBUJO DE LA ESTANTERÍA

El primer paso consiste en la realización de un croquis o un dibujo a escala de la estantería que comprenda las tres vistas fundamentales: alzado o vista frontal, planta y perfil (fig. 69). Hay que estudiar además el perfil o la sección que deben tener los montantes y las traviesas de la puerta realizando un dibujo a tamaño natural (escala 1:1). Después, habrá que preparar un despiece en el que puedan verse todos los elementos que componen la estantería (fig. 70).

MATERIAL NECESARIO

Antes de adquirir el material, habrá que preparar una lista de piezas como la de la página siguiente.

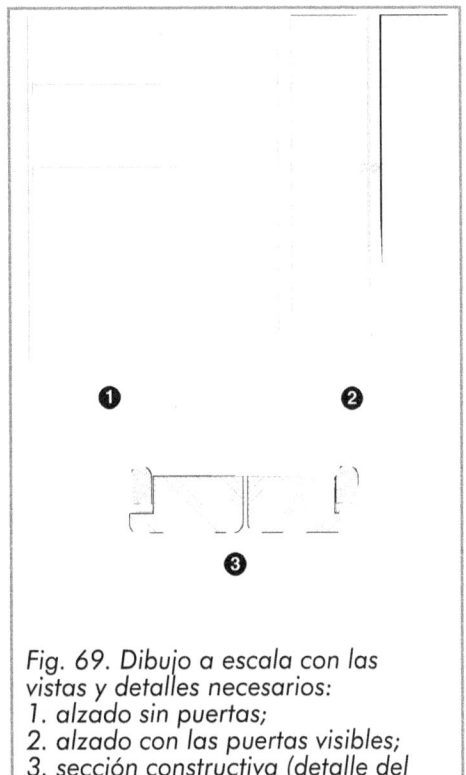

Fig. 69. Dibujo a escala con las vistas y detalles necesarios:
1. alzado sin puertas;
2. alzado con las puertas visibles;
3. sección constructiva (detalle del perfil de las puertas)

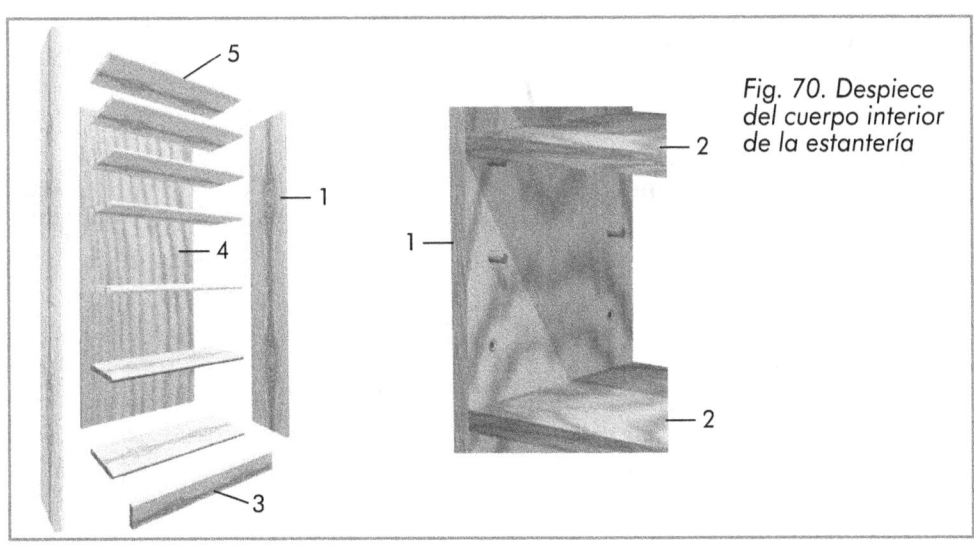

Fig. 70. Despiece del cuerpo interior de la estantería

INSTRUCCIONES Y MONTAJE

PIEZAS

n.º	pieza	cantidad	largo	ancho	grueso	material
cuerpo de la estantería						
1	costado	2	1.400	200	22	pino 2.ª clase
2	estante, tableros superior e inferior	7	760	180	22	pino 2.ª clase
3	zócalo	1	760	100	22	pino 2.ª clase
4	trasera	1	1.280	780	3/4	contrachapado de pino
puertas vidrieras						
5	largueros	2	1.300	45	22	pino 2.ª clase
6	traviesas	2	400	45	22	pino 2.ª clase
7	pomos	2	25	20	20	pino 2.ª clase

Nota: Todas las dimensiones van indicadas en milímetros.

Segunda etapa: construcción

Para facilitar la comprensión paso a paso de todas las etapas que comprende la construcción de esta estantería, el desarrollo se divide en tres partes: primero se expone la construcción del cuerpo de la estantería, seguidamente la realización de las puertas vidrieras y por último el montaje de todos los elementos que componen la estantería.

CONSTRUCCIÓN DEL CUERPO DE LA ESTANTERÍA

Se comienza cortando y cepillando las piezas correspondientes al cuerpo principal de la estantería y al armazón de las puertas.

A continuación se marcarán con signos convencionales todas las piezas para identificar la posición que ocupan en el conjunto. De este modo se evitarán errores y pérdidas de tiempo a la hora de montar el mueble. Para ello habrá que observar las piezas de madera y colocarlas de forma que los nudos y los defectos no deseados ocupen zonas que no estén visibles o que posteriormente puedan ser eliminadas gracias al perfilado, el moldurado, la unión o el ensamble con otras piezas.

Para hacerlo, habrá que agrupar las piezas según la posición que ocuparán definitivamente en la estantería y se marcarán con un signo como el que puede verse en la figura 71.

Una vez decidido cuál será el lateral de la izquierda y cuál el de la

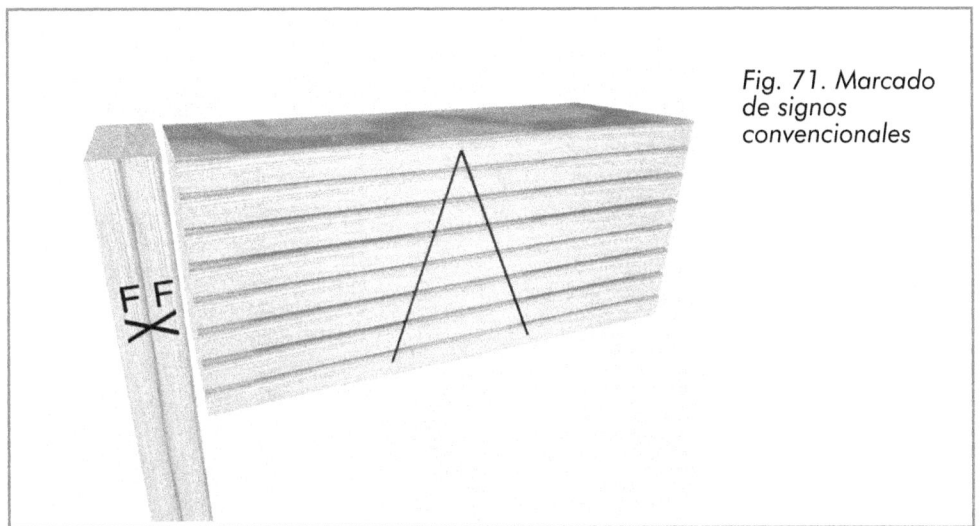

Fig. 71. Marcado de signos convencionales

derecha, se indicará en la cara interna de un costado la posición de los estantes así como la de los tableros superior e inferior y los costados intermedios.

Los dos laterales deberán colocarse contiguos sobre una superficie plana. Con la ayuda de una escuadra grande o una regla larga se transferirán las líneas que indican la posición de los estantes del lateral marcado al otro. En las testas de los tableros superior e inferior y de los costados interiores se marcará la posición de las clavijas y se taladrarán los agujeros correspondientes.

Los centradores deberán colocarse en los agujeros realizados en la testa de los tableros superior, inferior e interiores. Con su punta se marcará en los costados el punto donde deberá taladrarse.

Cuando se hayan realizado todos los agujeros, se colocarán las clavijas encoladas en los tableros superior e inferior.

Para alojar la trasera de la estantería debe realizarse un rebajo de 10 mm de ancho y 5 mm de profundidad en todo el canto posterior de los costados y en el tablero superior e inferior (fig. 72).

Al medir el ancho de los estantes, hay que tener en cuenta el espacio que ocupará la trasera. El rebajo ha de ser de una profundidad ligeramente superior al grueso de la trasera dejando en el canto una pestaña de unos 5 mm para evitar la rotura de la tabla donde cargará la trasera.

A continuación, se deberán lijar el cuerpo de la estantería, la trasera y los estantes con la lijadora orbital. Los cantos deberán rebajarse con papel de lija.

El barnizado de las piezas puede hacerse con paletina o pistola.

INSTRUCCIONES Y MONTAJE

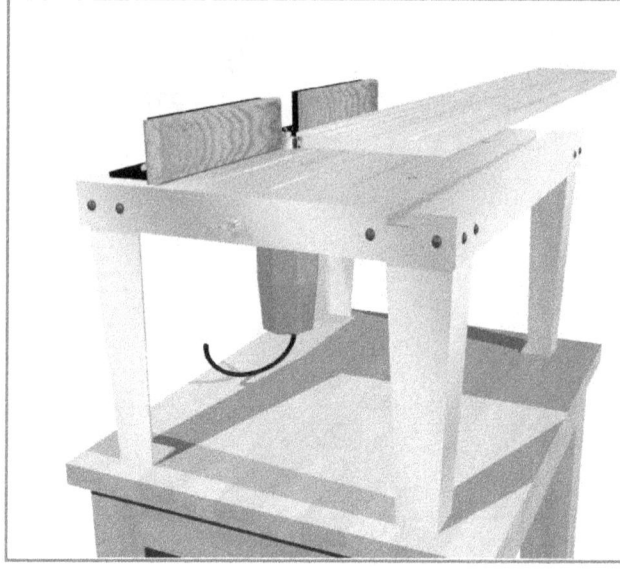

Fig. 72.
Realización del rebajo para alojar la trasera mediante la fresadora estacionaria

CONSTRUCCIÓN DE LAS PUERTAS

Se prepara la madera, ya cepillada y escuadrada, según las medidas de la lista de piezas.

Siguiendo el plano, se realizará el rebajo donde cargará la lámina de vidrio. Se hará de una sola pasada empleando la fresadora estacionaria. Basta con desplazar la pieza de

Fig. 73.
Realización del rebajo para alojar la lámina de vidrio de la puerta

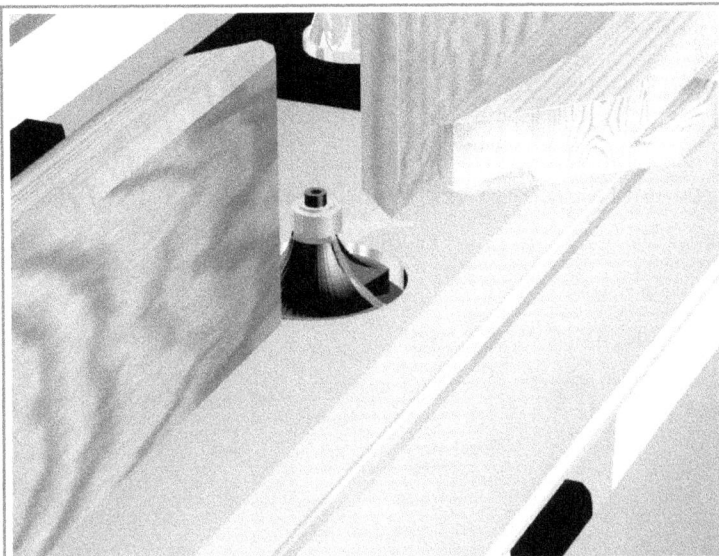

Fig. 74. Redondeado del canto mediante la fresadora estacionaria

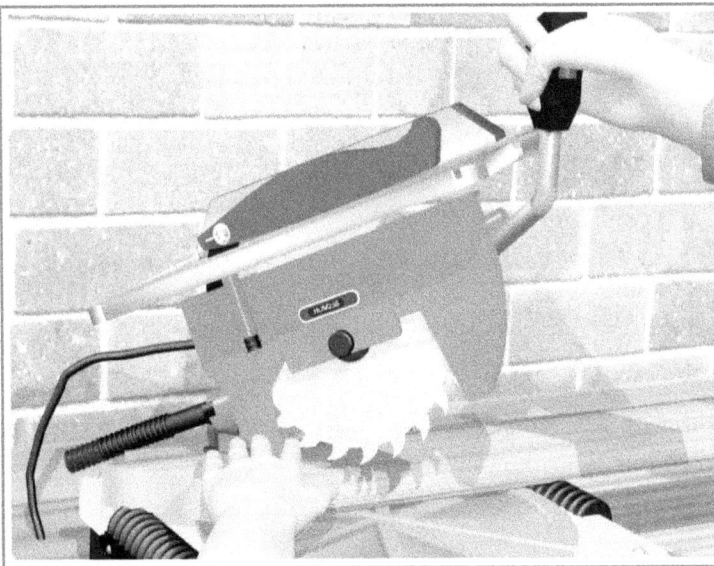

Fig. 75. Corte a inglete de la testa de los montantes y las traviesas de la puerta

madera que está apoyada en la guía de la mesa de fresar (fig. 73).

En el caso de que se desee obtener un acabado más decorativo, con una fresa de moldurar pueden redondearse los cantos exteriores de los montantes y las traviesas (fig. 74).

Para obtener una unión a inglete, hay que cortar los extremos de los montantes y las traviesas a la medida necesaria mediante la sierra eléctrica tronzadora (fig. 75), o bien a mano, con una caja cortaingletes.

La posición de las clavijas se marcará y taladrará en los montantes teniendo en cuenta que deben colocarse perpendiculares al inglete y con una separación adecuada (fig. 76).

Se colocarán los centradores en los agujeros y con la punta se presionará contra el inglete hasta que coincidan en la posición adecuada (fig. 77).

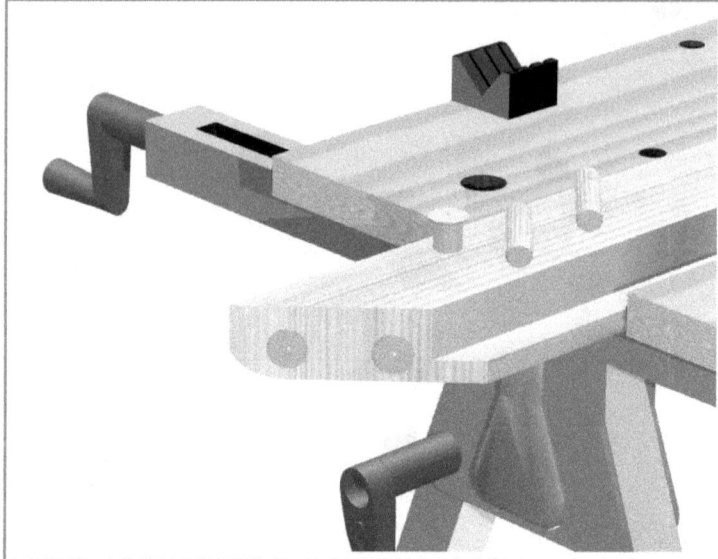

Fig. 76. Marcado y colocación de centradores

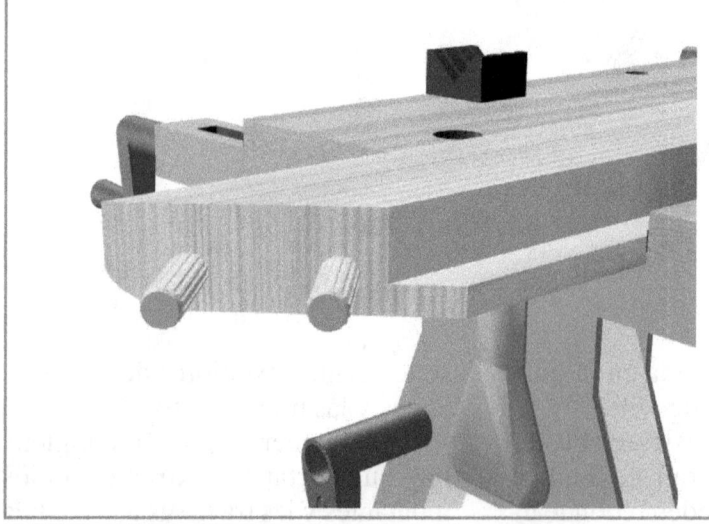

Fig. 77. Colocación de clavijas en la testa cortada a inglete

Se aplicará cola en las juntas, en los agujeros y en las clavijas y a continuación se montará el conjunto, que deberá asegurarse con la prensa de cuadros (fig. 78).

Cuando el conjunto esté seco, se lijará. La otra hoja de la puerta se realizará de la misma manera.

A continuación se prepararán los listones para los junquillos que sostendrán los cristales. Los listones deben tener el grueso y la anchura suficientes para obtener dos junquillos tras haberlos cortado por la mitad.

Con la fresadora se dará forma de media caña a los cantos de cada listón. Luego, al cortarlo por la mitad, se obtendrán dos junquillos (fig. 79).

Los extremos a inglete deben cortarse para que ajusten dentro del rebajo donde cargará la lámina de vidrio. Antes de colocarla, habrá que marcar la posición de las tres bisagras de cazoleta que necesita cada puerta y se taladrarán los agujeros con una broca Forstner (fig. 80).

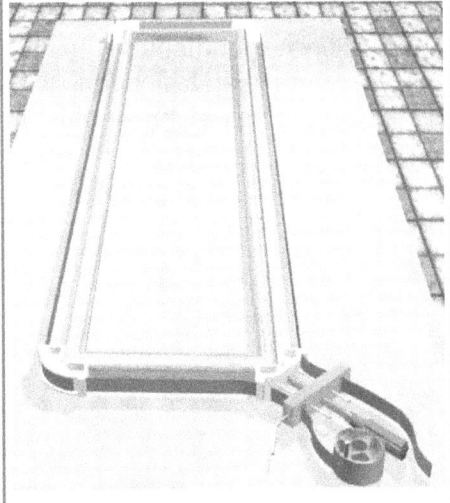

Fig. 78. Encolado y sujeción del bastidor de la puerta mediante la prensa de cuadros

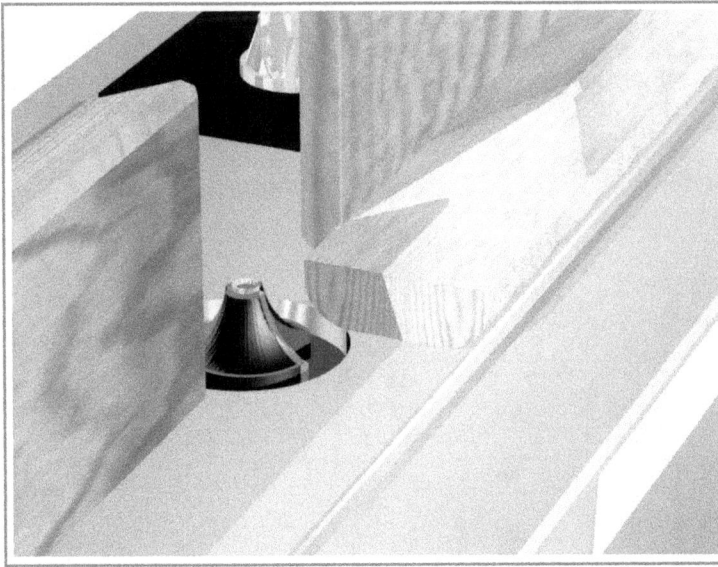

Fig. 79. Redondeo del canto de los junquillos que sujetarán la lámina de cristal con la fresa

INSTRUCCIONES Y MONTAJE

A continuación, se taladrarán los agujeros correspondientes a los pomos y se barnizarán las puertas y los junquillos con una pistola o paletina (fig. 81).

MONTAJE DE LA ESTANTERÍA

Se introducen las clavijas del tablero superior e inferior sin aplicar cola, de manera que coincidan con los

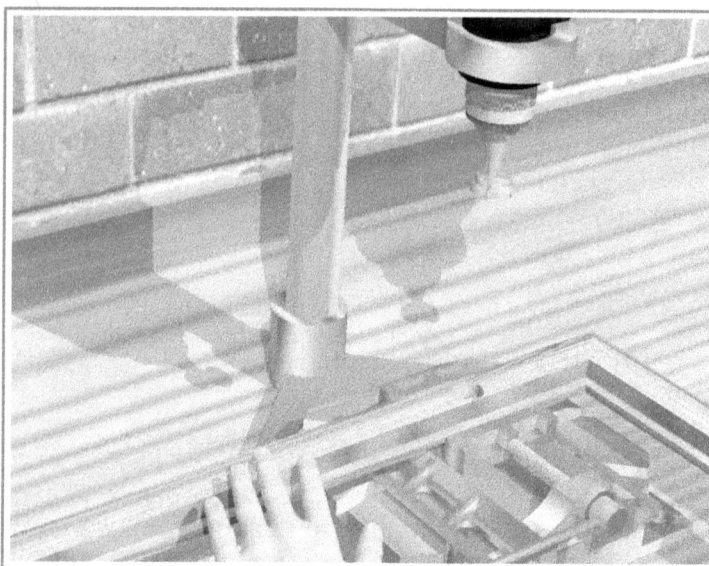

Fig. 80. Realización de los taladros correspondientes a las bisagras de cazoleta

Fig. 81. Barnizado a pistola de la puerta

Fig. 82. Montaje del cuerpo de la estantería mediante junta de bloques

Fig. 83. Atornillado de las bisagras de cazoleta

agujeros que se hayan practicado anteriormente en los costados y en el lugar que les corresponda.

Para reforzar cada unión, se atornilla una junta de bloques (fig. 82).

Se coloca la trasera en los rebajos del canto posterior de la librería y se atornilla.

En las puertas deben colocarse las láminas de vidrio clavando los junqui-

INSTRUCCIONES Y MONTAJE

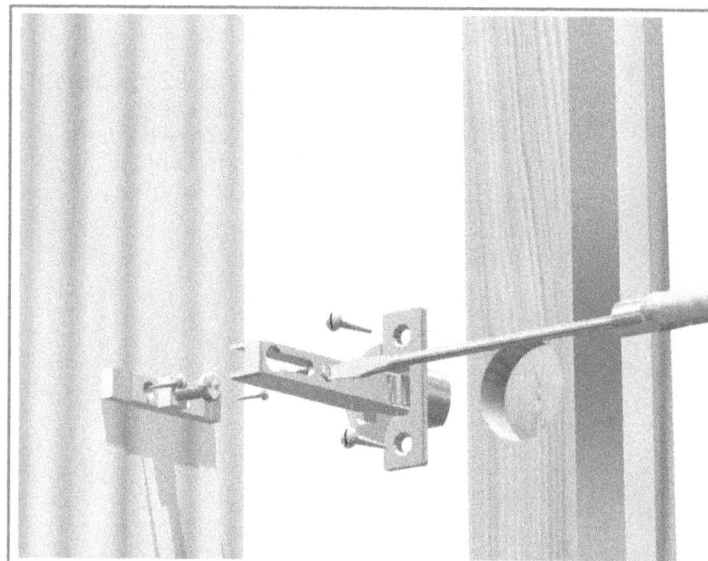

Fig. 84. Montaje de la puerta introduciendo el bocallave de las bisagras de cazoleta en el tornillo de la placa base

llos con precaución y colocando los marcos o bastidores sobre una superficie plana recubierta con una manta.

Fig. 85. Detalle de la bisagra de una puerta enrasada

Las bisagras de cazoleta se atornillan en las puertas y las placas de montaje en los costados de la estantería, de forma que coincidan una vez montadas (figs. 83-85).

A continuación, han de colocarse los soportes de los estantes en los taladros practicados.

Nada más queda atornillar las puertas y graduar los tornillos de posicionamiento para que queden parejas, colocar los pomos y fijar la estantería a la pared.

FIJACIÓN DE ESTANTERÍAS MEDIANTE ESCUADRAS PLANAS METÁLICAS

Se fijan por el canto posterior de la escuadra mediante tornillos de cabeza plana. De este modo, el mueble gana en estabilidad sin que sea necesario recurrir a una trasera.

INSTRUCCIONES Y MONTAJE

RESUMEN DEL PROCESO DE CONSTRUCCIÓN

1. Planificar el trabajo y los materiales necesarios según la lista de piezas.

2. Marcar la situación de los costados, del tablero superior e inferior, y de los estantes mediante los signos convencionales.

3. Practicar el rebajo correspondiente para alojar la trasera.

4. Marcar y taladrar los agujeros de la unión con clavijas.

5. Construir los marcos de las puertas con una unión a inglete reforzada con clavijas.

6. Taladrar los agujeros para las bisagras de cazoleta.

7. Lijar los interiores y exteriores, y aplicar varias capas de barniz tapaporos según el procedimiento que se ha explicado en capítulos anteriores.

8. Montar la estantería mediante juntas de bloque y fijar la trasera.

9. Colocar los cristales, las bisagras, los pomos, y ajustar bien las puertas.

10. Atornillar la estantería en la pared.

SEGUNDO PROYECTO AVANZADO

Estantería n.º 2

Este proyecto consiste en la realización de una estantería con tres cajones. Sus piezas, en lugar de estar atornilladas, irán encoladas y se barnizarán de manera que se mantenga el color natural de la madera (figura 86).

Materiales, maquinaria y accesorios

Para construir el modelo de estantería propuesto como ejemplo, es necesario disponer de los materiales, herramientas y accesorios siguientes:

— listones y tablas de madera de pino o de abeto;
— herramientas manuales básicas de carpintería;

INSTRUCCIONES Y MONTAJE

Fig. 86. Modelo

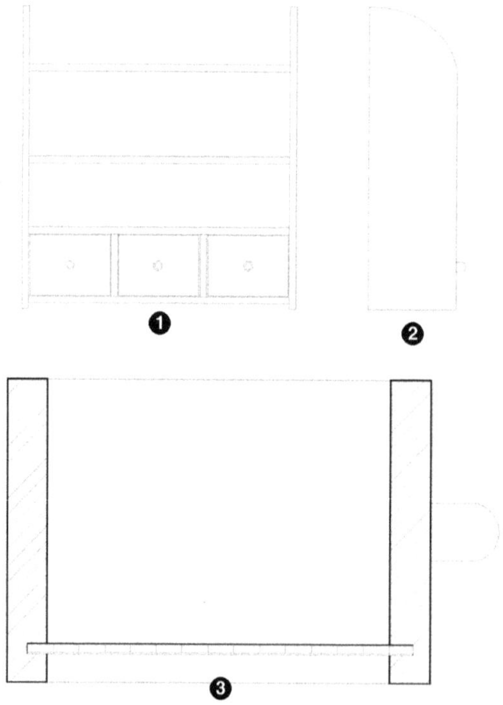

Fig. 87. Dibujo y plano de taller:
1. alzado;
2. perfil;
3. sección longitudinal del cajón

INSTRUCCIONES Y MONTAJE

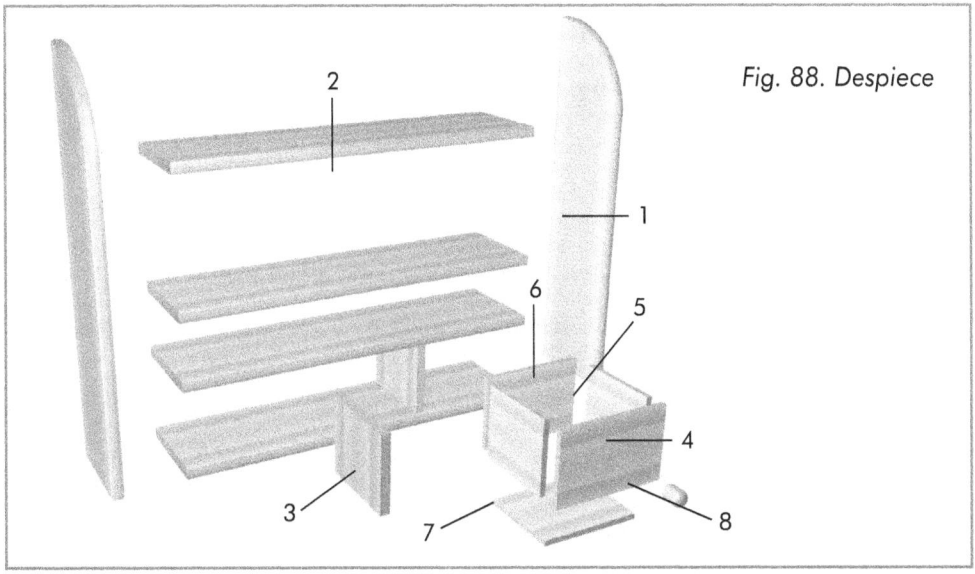

Fig. 88. Despiece

— sierra circular estacionaria;
— sierra de calar;
— cepillo eléctrico con soporte;
— taladro eléctrico y soporte de columna;
— broca de tres puntas de 8 mm y centradores;
— lijadora de banda;
— lijadora orbital;
— fresadora con mesa de fresado;
— cola blanca de carpintero;
— tornillos de apriete o gatos;
— hojas de papel de lija de los n.ºs 4, 5 y 6;
— barniz tapaporos y cera de acabados;
— hojas de papel de lija al agua del n.º 360;
— hojas de papel de dibujo o papel de embalaje para dibujar el croquis de la estantería;
— instrumentos auxiliares para medir y trazar (lápiz, escuadra, falsa escuadra, compás, flexómetro etcétera);
— clavijas, tornillos y puntas;
— soportes de estantes;
— tres pomos.

El proceso de construcción comprende las siguientes etapas.

Primera etapa: planificación

DIBUJO DE LA ESTANTERÍA

Tal como se ha indicado en el proyecto anterior, se prepara un croquis o un dibujo a escala de la estantería en el que se aprecien el alzado o vista frontal y el perfil (fig. 87). Hay que estudiar además el perfil o la sección que deben tener los cajones realizando un dibujo a tamaño natural (escala 1:1). Para hacerse una

INSTRUCCIONES Y MONTAJE

idea más concreta de la forma y las dimensiones de las piezas, es conveniente preparar un dibujo del despiece de la estantería y de los cajones (figs. 88 y 89).

MATERIAL NECESARIO

Antes de comprar la madera, es preciso preparar una relación detallada de las piezas y sus medidas respectivas.

	PIEZAS					
n.°	pieza	cantidad	largo	ancho	grueso	material
estantería						
1	costado	2	1.000	300	22	pino o abeto 2.ª clase
2	estantes	4	900	290	22	pino o abeto 2.ª clase
3	montantes divisorios	2	300	210	22	pino o abeto 2.ª clase
cajones						
4	frontal cajón	3	275	200	22	pino o abeto 2.ª clase
5	costado cajón	6	260	200	22	pino o abeto 2.ª clase
6	trasera cajón	3	231	200	22	pino o abeto 2.ª clase
7	fondo cajón	3	245	235	4	contrachapado de pino
8	pomos	3	—	—	—	pino o abeto 2.ª clase
9	listones guía	6	260	15	10	pino o abeto 2.ª clase

Nota: Todas las dimensiones van indicadas en milímetros.

Segunda etapa: construcción

Para facilitar la comprensión paso a paso de todas las etapas que componen el proceso de construcción de esta estantería, se expone en primer lugar las diferentes fases de realización del cuerpo de la estantería y, a continuación, se muestra el montaje de los cajones.

INSTRUCCIONES Y MONTAJE

Construcción del cuerpo de la estantería

Para empezar, se calcará sobre papel vegetal el dibujo del perfil de la estantería a escala 1:1.

A continuación, se aplicará una hoja de papel vegetal (vuelta del revés) sobre una cartulina y se repasarán las líneas para transferirlas a la cartulina.

Cuando se haya dibujado el contorno de la pieza, se recortará con tijeras o cúter, según convenga, la plantilla.

Antes de colocar la plantilla sobre la madera, habrá que asegurarse de que el tablero esté cepillado y escuadrado perfectamente.

Después de dibujar la silueta de la pieza con la plantilla, se cortará la madera y se cepillará. Los tableros contrachapados del fondo de los cajones deben cortarse con la sierra circular de sobremesa. En el caso de que no se posea la maquinaria indicada, pueden adquirirse las maderas cortadas y casi preparadas para montar en un establecimiento especializado.

Marcado de signos convencionales

Todas las piezas deben marcarse para identificar la posición que ocupan en el conjunto, tal como se ha explicado en el modelo anterior.

Después de que se haya decidido cuál será el lateral de la izquierda y cuál el de la derecha, se escogerá uno para marcar en su cara interna la posición de los tableros intermedios horizontales y la de los tableros superior e inferior.

Con la sierra de calar se cortarán los laterales siguiendo el perfil que se habrá marcado previamente con la plantilla.

Marcado y colocación de las clavijas

Los dos laterales deberán colocarse en una superficie plana de manera que queden contiguos y completamente planos. Con una escuadra grande o una regla larga se trasladarán de un lateral al otro las líneas que indican la posición de las piezas horizontales. Mediante un punzón, se indicarán los puntos donde tendrán que colocarse los soportes de cada estante y a continuación se taladrarán.

Habrá que repetir todas las operaciones de marcado y taladrado en las testas de los tableros superior e inferior, así como en los tableros intermedios verticales

Los centradores deberán colocarse en los agujeros realizados en la testa de los tableros superior, inferior e interiores. Con su punta se marcará en los costados el punto donde deberá taladrarse.

Cuando se hayan realizado todos los agujeros, se colocarán las clavijas encoladas en los tableros superior e inferior.

INSTRUCCIONES Y MONTAJE

Por último, habrá que pulir el cuerpo de la estantería y los estantes con la lijadora orbital. Después, antes de pasar al encolado, conviene rebajar los cantos con papel de lija.

Encolado de la estantería

Antes de encolar las piezas, pueden montarse en seco para comprobar que todas las piezas encajen perfectamente.

En el caso de que no hubiese ningún problema, se puede aplicar la cola de carpintero. Para asegurarse de que el conjunto fragüe de manera satisfactoria, habrá que fijar las piezas con sargentos y dejarlas reposar durante el tiempo convenido.

Al cabo de 12 o 24 horas, se pulirá el mueble con papel de lija del n.º 6.

CONSTRUCCIÓN DE LOS CAJONES

Después de comprobar la medida de los huecos en la estantería montada y siguiendo la lista de piezas, se cortarán a escuadra las partes correspondientes a los tres cajones así como seis listones de 15 x 10 mm de sección que servirán de guía.

Marcado de las piezas

Se marcarán con signos convencionales las piezas para identificar la posición que ocupan en el conjunto, tal como se ha explicado anteriormente.

Obtención de las canales

Acto seguido, se realizará mediante una sierra circular de sobremesa una

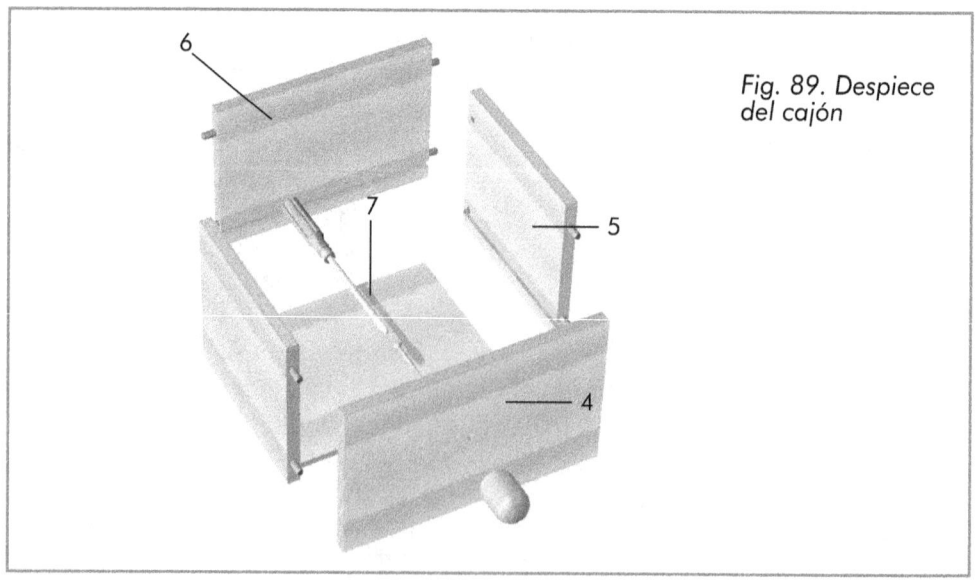

Fig. 89. Despiece del cajón

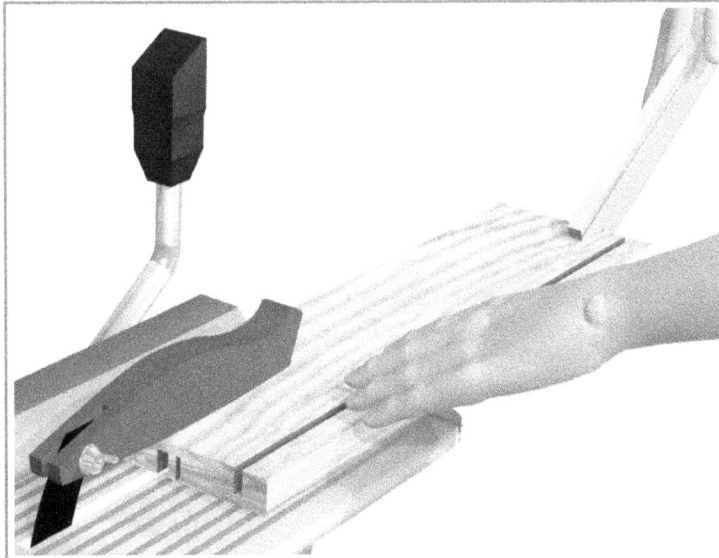

Fig. 90.
Realización de la canal con una sierra circular para alojar el fondo del cajón

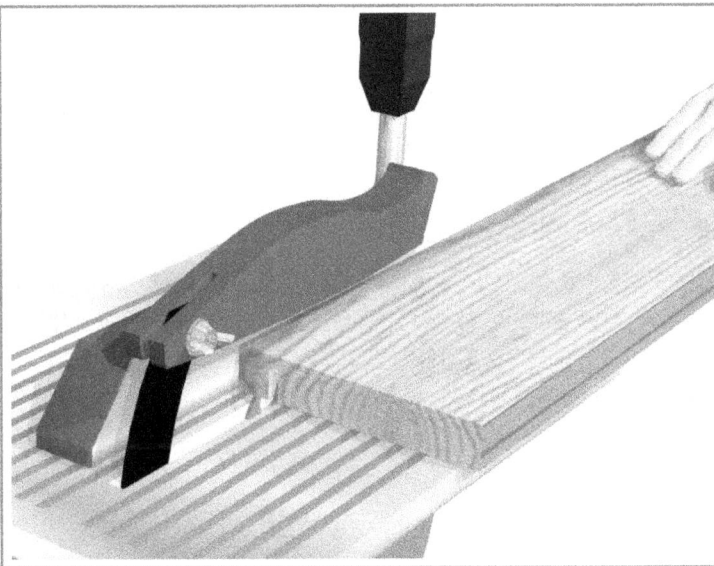

Fig. 91.
Realización de la canal con una sierra circular para alojar las guías de desplazamiento

canal a 1 cm del borde inferior donde se alojará el tablero contrachapado de 4 mm que servirá de fondo para los cajones (fig. 90).

Las guías de madera maciza que permitirán que los cajones se deslicen deberán alojarse en una canal que ha de practicarse con la sierra circular de sobremesa en las dos caras exteriores de los laterales (fig. 91).

A continuación se marcará la posición de las clavijas en las testas de los costados y en la pieza posterior, y se taladrarán los agujeros correspondientes.

Después de colocar los centradores en los agujeros realizados en la testa, se presiona con ellos sobre la pieza con la que deben unirse para marcar el punto donde se ha de taladrar (fig. 92).

La cara interna de los cajones y la trasera se pulirá con la lijadora orbital y se rebajarán ligeramente los cantos con papel de lija.

Encolado de los cajones

Antes de encolar las piezas, habrá que montarlas en seco para asegurarse de que coinciden exactamente.

Si no hay problemas, se encolarán las piezas con cola de carpintero y se sujetarán mediante sargentos (figura 93).

La tabla de contrachapado que hará de fondo deberá colocarse antes de haber cerrado el cajón (figura 94).

Al cabo de 12 o 24 horas, se pulirá el conjunto con papel de lija del n.º 6. Después, se barnizará.

Tercera etapa: acabado de la estantería

Se fijan en los costados los listones que harán de guía de los cajones a la altura adecuada mediante tornillos.

Después de haberlos montado, tendrán que darse varias capas de barniz tapaporos.

Fig. 92. Marcado de la posición de los taladros con los centradores

Fig. 93. Unión del cajón con clavijas

Cuando el mueble esté bien seco, se pulirá con una hoja de papel de lija al agua del n.º 280 o del 320. A continuación se aplicará cera. Una vez seca, se frotará suavemente hasta que la estantería haya adqurido un brillo uniforme.

Finalmente, se colocarán los pomos de los cajones (fig. 95) y se fijará la estantería a la pared.

Fig. 94. El cajón montado. El tablero de fibras es idóneo para el fondo de los cajones y las estanterías

INSTRUCCIONES Y MONTAJE

Fig. 95. Detalle de la colocación del pomo

FIJACIÓN DE LAS ESTANTERÍAS A LA PARED

La mayor parte de las estanterías suele fijarse a la pared. Existen diversas soluciones en función del material empleado.

Por lo general, para colgar una estantería se necesitan dos placas de soporte metálicas, unos cuantos tornillos, dos alcayatas y dos tacos de plástico. Las placas se atornillan en los cantos posteriores correspondientes a los costados de las estanterías de manera que sobresalgan tal como se indica en la figura 115 (pág. 112).

La posición de los agujeros en la pared debe coincidir con la posición de las planchas en la estantería. Para realizarlos, deberá emplearse un taladro percutor con una broca de 6 mm de diámetro.

Después de introducir los tacos, se colocan las alcayatas.

En el caso de que se prefiera fijar la estantería a la pared, habrá que utilizar tornillos del largo adecuado para asegurar las placas de soporte en el mueble. Sin embargo, a menudo el peso hace que los tornillos se aflojen y el mueble se incline. Para evitarlo, habrá que asegurar los tornillos con una arandela.

Las alcayatas donde descansará la estantería deben ser muy resistentes. Es conveniente que queden bien fijas y a la misma altura, por lo que deberán apretarse cuanto sea posible.

INSTRUCCIONES Y MONTAJE

RESUMEN DEL PROCESO DE CONSTRUCCIÓN

1. Planificar el trabajo y los materiales necesarios según la lista de piezas.

2. Preparar la plantilla correspondiente para los costados.

3. Cortar la madera según el diseño y la lista de piezas.

4. Marcar la situación de los costados, de los tableros superior, inferior e intermedios, así como de los cajones.

5. Realizar las canales de los cajones.

6. Marcar y taladrar los agujeros de la unión con clavijas.

7. Lijar los interiores y encolar.

8. Pulir la parte exterior y dar varias manos de barniz tapaporos.

9. Colocar los pomos.

10. Atornillar la estantería en la pared con los soportes adecuados.

TERCER PROYECTO AVANZADO

Estantería n.º 3

Este proyecto consiste en la realización de una estantería con cinco estantes separados por balaustres torneados (fig. 96). A pesar de que en este caso se muestra el proceso de torneado del balaustre, si se carece de las herramientas necesarias se pueden adquirir ya preparadas.

Materiales, maquinaria y accesorios

Para construir este modelo de estantería, es necesario disponer de los materiales, herramientas y accesorios siguientes:

— listones y paneles alistonados de madera de abeto;
— herramientas manuales básicas de carpintería;
— sierra circular estacionaria;

INSTRUCCIONES Y MONTAJE

— cepillo eléctrico con soporte;
— taladro eléctrico y soporte de columna;
— broca de tres puntas de 8 mm y centradores;
— lijadora de banda;
— lijadora orbital;
— fresadora con mesa de fresado;
— cola blanca de carpintero;
— tornillos de apriete o gatos;
— hojas de papel de lija de los n.ºs 4, 5 y 6;
— tinte de color nogal;
— barniz tapaporos y cera;
— hojas de papel de lija al agua del n.º 360;
— hojas de papel de dibujo o papel de embalaje para dibujar el croquis de la estantería;
— instrumentos auxiliares para medir y trazar (lápiz, escuadra, falsa escuadra, compás, etc.);
— clavijas de madera de haya.

Primera etapa: planificación

DIBUJO DE LA ESTANTERÍA

Antes de adquirir la madera y comenzar a cortarla, es necesario preparar un croquis o un dibujo a escala de la estantería en el que puedan apreciarse el alzado o vista frontal y el perfil (fig. 97).

Para calcular las medidas de las piezas, es necesario preparar un dibujo a tamaño natural (es decir, a escala 1:1) y un despiece en el que se aprecien todas las piezas (fig. 98).

MATERIAL NECESARIO

Antes de comprar la madera, es preciso preparar una relación detallada de las piezas y sus medidas respectivas. Para ello, habrá que seguir aten-

Fig. 96. Modelo

INSTRUCCIONES Y MONTAJE

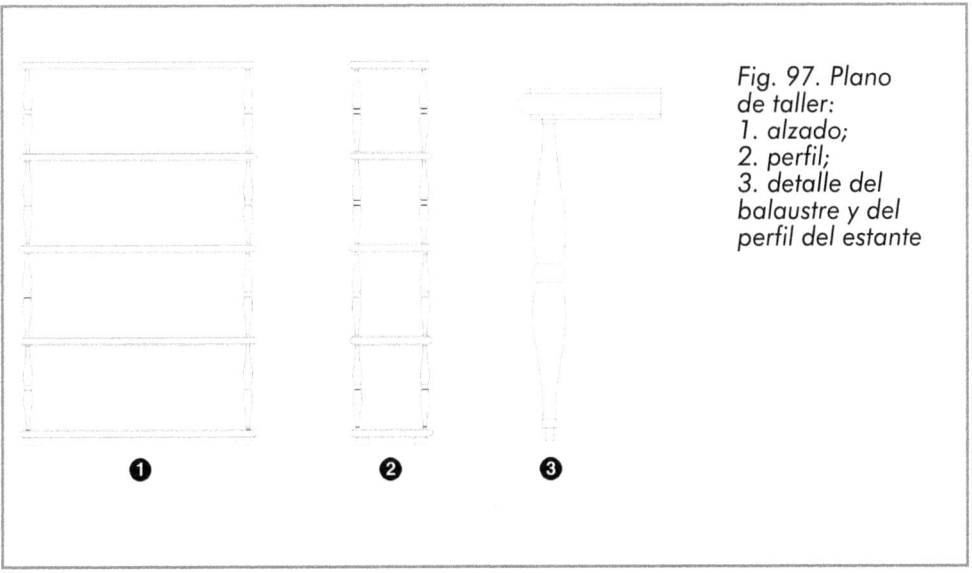

Fig. 97. Plano de taller:
1. alzado;
2. perfil;
3. detalle del balaustre y del perfil del estante

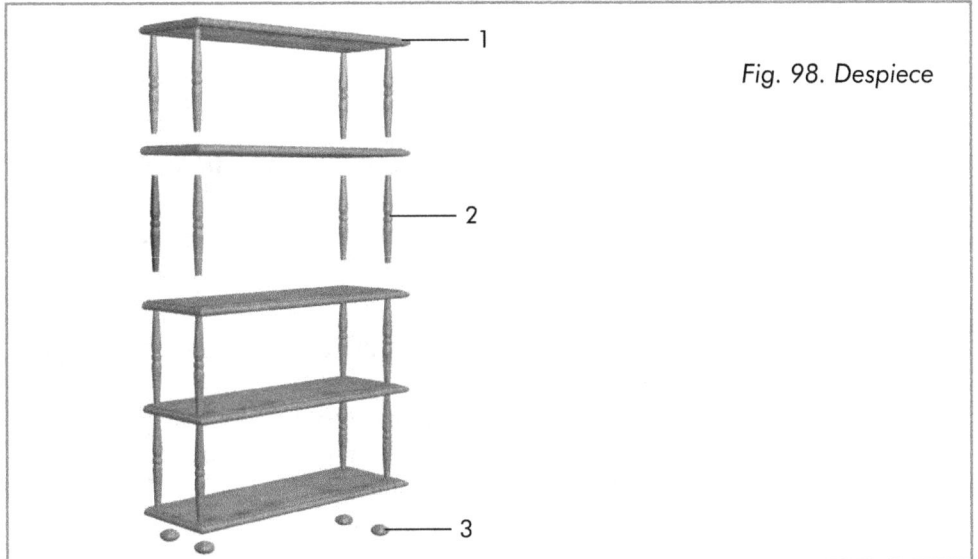

Fig. 98. Despiece

tamente las indicaciones del despiece. Si se desea, puede prepararse una plantilla de papel o cartulina de cada una de las piezas que deban cortarse.

Los balaustres pueden adquirirse en un establecimiento especializado o bien tornearlos en el taller, siempre y cuando se posea el equipo y los conocimientos necesarios.

INSTRUCCIONES Y MONTAJE

PIEZAS

n.º	pieza	cantidad	largo	ancho	grueso	material
1	estante	5	900	350	25	pino o abeto 2.ª clase
2	montante (balaustre torneado)	16	360	35	35	pino o abeto 2.ª clase
3	pies tipo bola	4	100	100	30	pino o abeto 2.ª clase

Nota: Todas las dimensiones van indicadas en milímetros.

ACCESORIOS

■ Cola blanca de carpintero.

■ Tinte color nogal, barniz tapaporos y cera incolora de acabado.

■ Tornillos de 18 x 35 mm de cabeza plana para la fijación de los pies.

Segunda etapa: construcción de la estantería

Para facilitar la comprensión paso a paso de todas las etapas que comprende la construcción de esta estantería, se ha dividido la materia en tres partes: primero se expone la construcción de los estantes y el perfilado de las molduras del canto, luego se explica la obtención de los balaustres torneados y por último se trata el montaje de los elementos que componen la estantería.

CONSTRUCCIÓN DE LOS ESTANTES

En un establecimiento especializado, han de adquirirse paneles de lamas encoladas de 1.200 x 300 x 28 mm de grosor.

A la hora de transferir las plantillas a la madera, se colocarán de forma que los nudos y los defectos que pudiere haber ocupen zonas que queden disimuladas o que se eliminarán al perfilar, unir o ensamblar las piezas.

Las piezas deben agruparse según la posición que ocuparán definitiva-

Fig. 99. El torno y las herramientas de tornear:
1. puntacorriente;
2. gubia;
3. escoplo

mente en la estantería y se marcarán con un signo como se indicó en la figura 71 (pág. 81).

Perfilado de los estantes

Para perfilar los estantes, se realizará con la fresadora estacionaria una moldura en forma de semicírculo convexo cuyo saliente sea igual a la mitad de la altura (y que suele conocerse como *moldura de toro* o *bordón*), de manera que quede un pequeño plinto en el canto de los estantes.

Torneado de los balaustres

Para construir una estantería de balaustres, es preciso disponer de un torno, una máquina que permite dar un toque personal a todos los muebles (fig. 99).

El desbastado de la madera se lleva a cabo con un escoplo. Las hendiduras se realizan con una gubia de media caña, mientras que las pequeñas ranuras y hendiduras en forma de uve se obtienen con los puntacorrientes.

El afilado de las herramientas del torno

Al igual que las hojas de los cepillos y de los formones, es necesario mantener las herramientas de tornear perfectamente afiladas para obtener el resultado deseado.

Para un afilado correcto de las herramientas de corte debe emplearse una muela eléctrica, procurando que no se caliente la hoja para evitar que se destemple el metal (fig. 100). En el caso de afilado de útiles de corte recto como escoplos y puntacorrientes, habrá que tomar la herramienta con ambas manos y moverla lentamente sobre la muela de afilar de izquierda a derecha y en sentido horizontal manteniendo una presión uniforme para conseguir un bisel igual en toda su anchura.

En el caso de las gubias, el afilado es más complicado, pues la herramienta debe realizar un movimiento basculante siguiendo el contorno de la arista hasta conseguir un ángulo de bisel uniforme.

El afinado o asentado del filo

Una vez que se ha afilado la herramienta, aparece una rebaba en el filo de la hoja que debe eliminarse pasándola por una piedra impregnada en aceite, denominada *piedra de afinar* (fig. 101).

En el caso de herramientas de corte recto, como formones y escoplos, habrá que asentar el bisel de la herramienta sobre la piedra de aceite y moverla en sentido circular o haciendo «ochos» por toda la superficie. A continuación, se le dará la vuelta a la herramienta y se moverá suavemente de derecha a izquierda dibujando círculos.

Habrá que proseguir de esta manera hasta que todas las rebabas desaparezcan del filo.

Para realizar un afinado correcto de una gubia, se utiliza una piedra de aceite para herramientas de boca redonda. En este caso, se desplaza la piedra sobre el filo y sobre el dorso de la hoja hasta haber eliminado la rebaba.

Fig. 100. Afilado de la gubia en la muela eléctrica

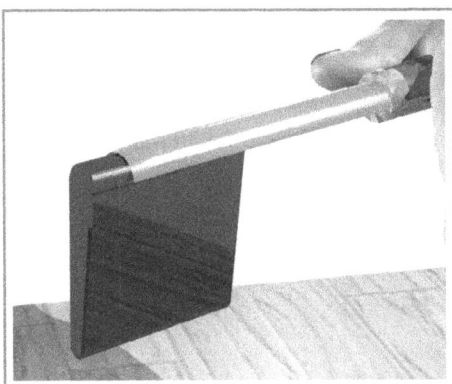

Fig. 101. En este caso es la piedra de afinar, de perfil curvo, la que se desplaza sobre el filo y sobre el dorso de la hoja

El trabajo en el torno

Antes de colocar la pieza en el torno, debe marcarse en cada testa la circunferencia que se desea obtener (fig. 102). Es necesario ochavar la pieza para facilitar la labor (figura 103). A continuación, se coloca la madera en el torno centrada por su testa procurando que la dirección de las fibras de la madera sea paralela al eje del torno.

Para fijar la pieza en el torno, se practicará un agujero en el centro de cada testa. Para ello puede dársele un golpe seco con el punto de estrella (fig. 104).

La pieza deberá sujetarse entre el punto de arrastre, que recibe el movimiento de giro del motor, y otro de apoyo o contrapunto en el lado opuesto (carro móvil), que debe situarse lo más cerca posible de la pieza, procurando que quede un poco por encima del centro (figura 105).

En la zona de contacto del contrapunto con la pieza de madera, es conveniente aplicar una gota de aceite para evitar el calentamiento por fricción y facilitar el giro.

La separación entre los puntos dependerá de la longitud de la pieza que se debe tornear. Para ajustarla, se debe desplazar el carro móvil por la ranura de la bancada y fijarlo a la medida deseada.

La gubia debe sujetarse fuertemente con las manos, que estarán apoyadas en el soporte, y acercarse la herramienta de corte a la pieza en rotación. Mientras se incide en la madera, empezarán a saltar virutas muy finas. Para evitar que la herra-

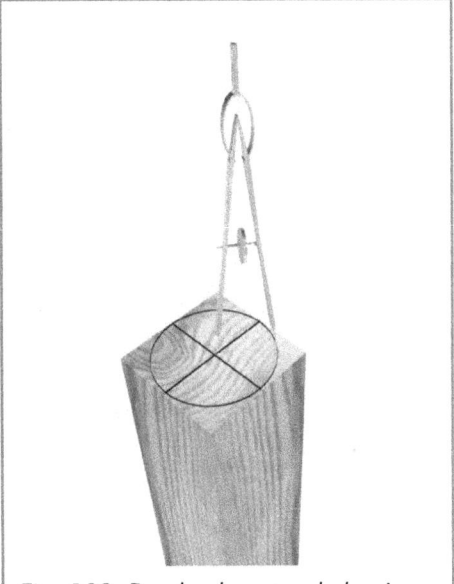

Fig. 102. Desde el centro de la pieza en la testa, se traza con el compás el mayor círculo posible

INSTRUCCIONES Y MONTAJE

Fig. 103. Ochavado de la pieza para facilitar la obtención del cilindro con el torno

Fig. 104. Marcado del centro de la pieza con el punto de torno

mienta se clave, habrá que desplazarla sin profundizar demasiado.

Cuando se le haya dado forma cilíndrica, habrá que comprobar con el pie de rey si su diámetro es el previsto (fig. 106).

Si fuera así, habrá que marcar con lápiz las posiciones de las distintas

Fig. 105. La pieza colocada y dispuesta a ser torneada en forma cilíndrica

Fig. 106. Después de obtener un cilindro se comprueba su diámetro mediante el pie de rey

formas que se desee conseguir según el diseño (fig. 107).

Para saber cuál es el tipo de herramienta más adecuado y la posición que debe adoptarse en función del perfil de la pieza, pueden seguirse las indicaciones de las figuras 108 y 109 (págs. 110 y 111).

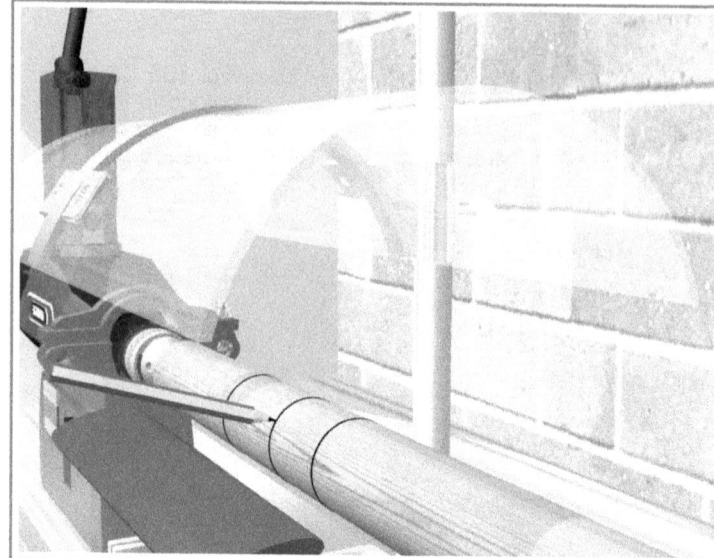

Fig. 107. Marcado con el lápiz de los puntos más importantes del balaustre

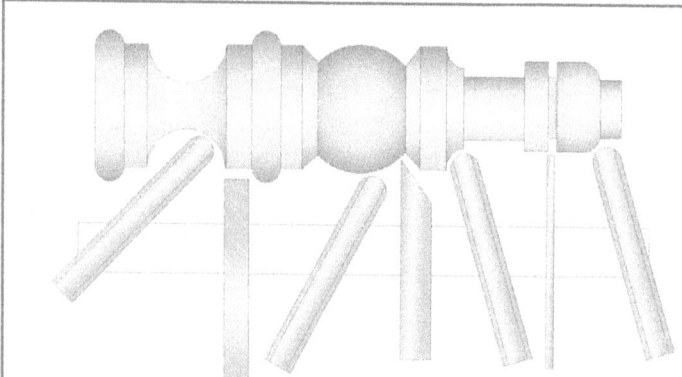

Fig. 108. Posiciones de corte de las herramientas en función del perfil que se desea obtener

Operación de acabado

Puede aplicarse papel de lija sobre la pieza recién torneada.

Las espigas se obtienen torneando los extremos, si bien hay que tener la precaución de no adelgazar la pieza en exceso ni de tocar con la gubia el punto o el contrapunto del torno cuando esté en funcionamiento. Las espigas deben ser largas para que atraviesen el grueso del estante e introducirse en el agujero que debe practicarse en la testa del balaustre inferior. Se puede taladrar en las testas de los balaustres los agujeros donde se alojarán las espigas.

Por último, se tornearán unas piezas en forma de bulbo que se aplicarán como pies de la estantería.

INSTRUCCIONES Y MONTAJE

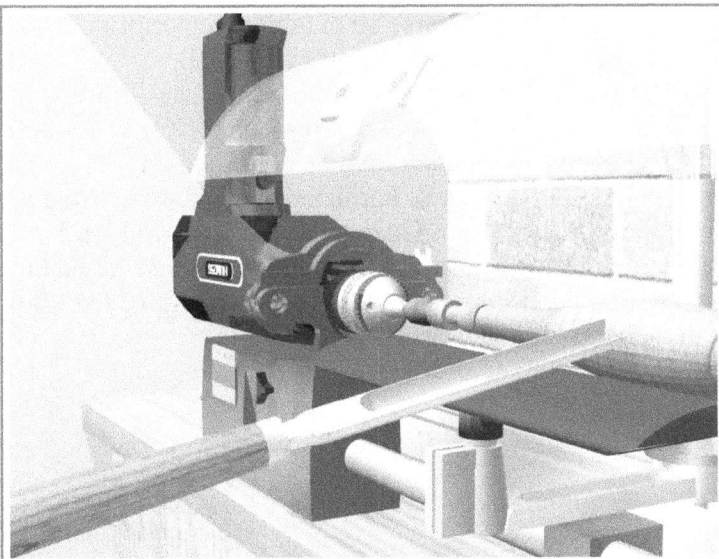

Fig. 109. El apoyo o soporte debe situarse lo más cerca posible de la pieza y se fija un poco por encima del centro de la misma

CONSEJOS DE SEGURIDAD EN EL MANEJO DEL TORNO

✔ Hay que colocar la pantalla transparente de protección de virutas.

✔ Es necesario ponerse gafas y mascarilla para el polvo.

✔ Las herramientas de corte deben estar muy bien afiladas.

✔ Nunca se debe trabajar cerca de los puntos de arrastre y contrapunto, ya que es muy peligroso.

✔ La comprobación de cualquier medida o grosor debe hacerse con el torno parado.

✔ El área de trabajo debe estar siempre limpia.

✔ La herramienta de corte tiene que sujetarse siempre con las dos manos.

✔ Nunca hay que frenar la pieza con las manos.

✔ Mientras el torno está en funcionamiento, no se puede realizar ninguna medición.

INSTRUCCIONES Y MONTAJE

Montaje de la estantería

Para empezar, se marca la posición que deben ocupar los balaustres en cada estante y se realizan los agujeros por donde pasarán las espigas, que llegarán hasta el agujero practicado en la testa del balaustre inferior. Sin embargo, hay que tener en cuenta que los agujeros que deben realizarse en el tablero superior no deben ser pasantes (fig. 110).

A continuación, se lijarán los estantes y los balaustres, se les aplicará tinte de color nogal (si se desea) y se barnizarán con paletina o pistola.

Cuando las piezas estén bien secas, se atornillarán los pies y se montará la estantería. Las clavijas pueden encolarse o no (fig. 111).

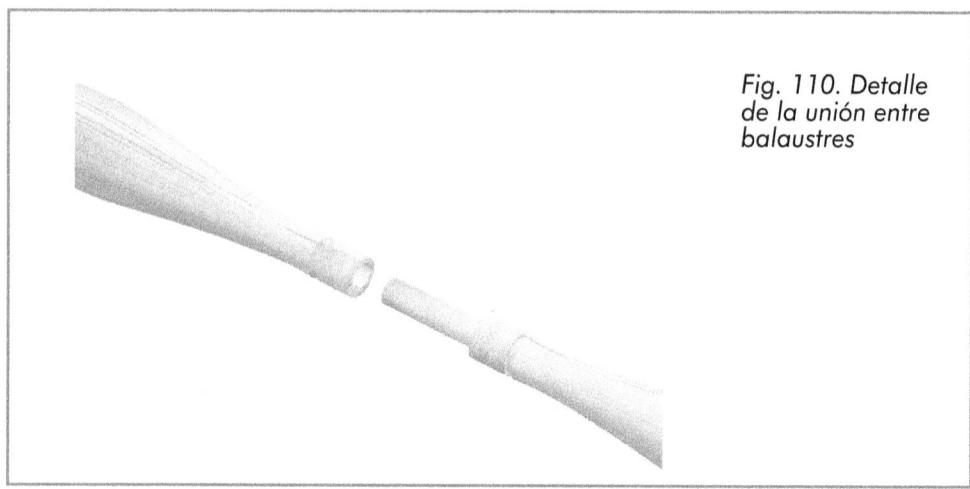

Fig. 110. Detalle de la unión entre balaustres

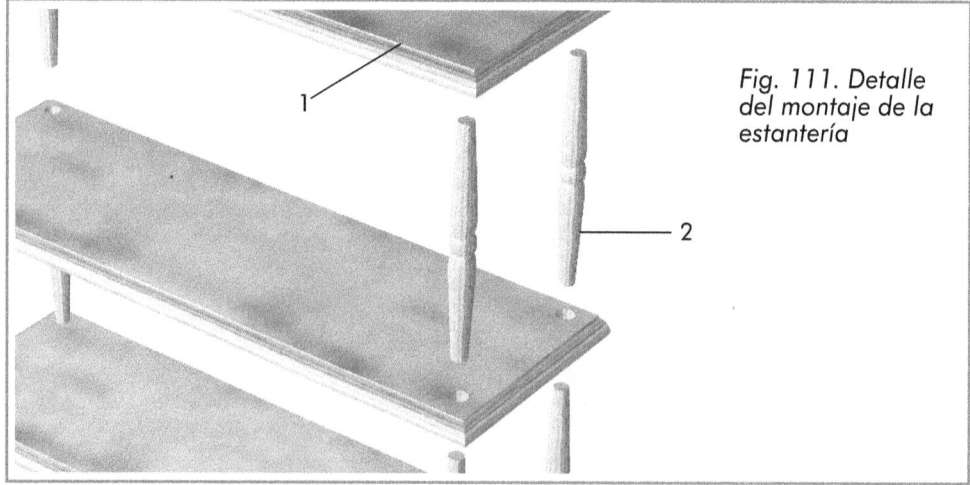

Fig. 111. Detalle del montaje de la estantería

ESTANTERÍAS PARA COLGAR

Estantería n.º 4

Operaciones

1. Preparar, según el diseño (figuras 112 y 113), las plantillas necesarias para los costados (fig. 114).
2. Cortar la madera con la sierra de calar según las indicaciones de la plantilla y la lista de piezas.
3. Perfilar los cantos con la fresadora.
4. Marcar y taladrar los agujeros para la uniones con clavijas o tornillos Allen de 50 mm.
5. Lijar bien las piezas antes de encolarlas.
6. Montar y encolar el conjunto.
7. Pulir y barnizar el conjunto.
8. Atornillar la estantería a la pared mediante soportes metálicos (figura 115).

Nota: Si los dos estantes intermedios van a ser móviles, habrá que encolar o atornillar sólo el tablero superior y el inferior a los costados.

PIEZAS

n.º	pieza	cantidad	largo	ancho	grueso	material
1	estantes	4	900	255	22	pino o abeto 2.ª clase
2	costado	2	1.250	240	22	pino o abeto 2.ª clase

Nota: Todas las dimensiones van indicadas en milímetros.

ACCESORIOS

■ Cola blanca de carpintero.

■ Clavijas de madera de haya de 8 mm o tornillos Allen de 50 mm.

■ Barniz tapaporos y cera incolora de acabado.

■ Soportes metálicos de montaje en pared, tacos y tornillos adecuados.

INSTRUCCIONES Y MONTAJE

Fig. 112. Modelo

Fig. 113. Despiece

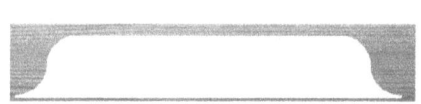

Fig. 114. Aplicación de las plantillas de cartulina

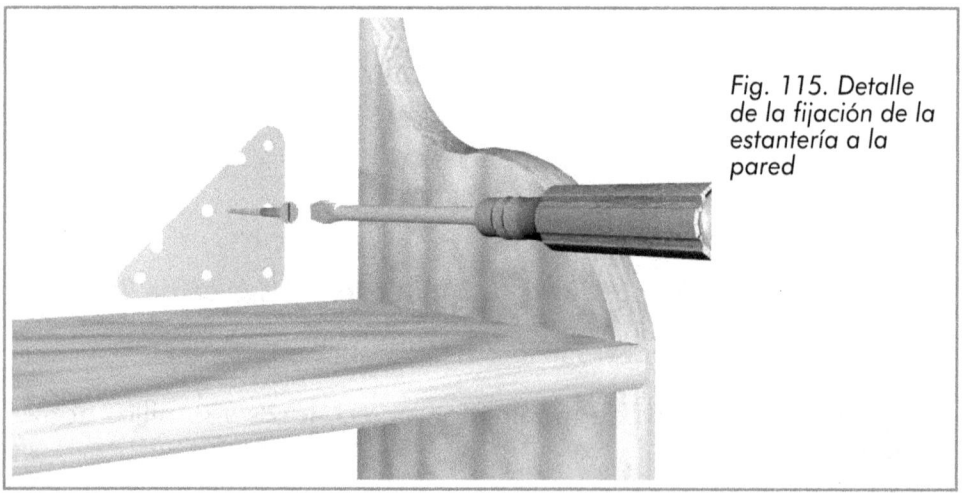

Fig. 115. Detalle de la fijación de la estantería a la pared

INSTRUCCIONES Y MONTAJE

Estantería n.º 5

Operaciones

1. Cortar la madera según el diseño y la lista de piezas (figuras 116 y 117).
2. Marcar y taladrar los agujeros de la unión con clavijas y de los tornillos Allen de 50 mm.
3. Lijar bien las piezas antes de encolarlas.
4. Montar y encolar con clavijas el armazón de la pared y el de los dos estantes (fig. 118).
5. Pulir y barnizar el conjunto.
6. Atornillar los estantes con el tornapuntas al armazón de la pared.
7. Fijar la estantería a la pared.

PIEZAS

n.º	pieza	cantidad	largo	ancho	grueso	material
armazón de la pared (1.190 x 1.190)						
1	montante	2	1.190	45	45	pino 2.ª clase
2	traviesa	2	1.100	45	45	pino 2.ª clase
3	montantes intermedios	7	1.100	45	45	pino 2.ª clase
armazón de los estantes (dos de 1.190 x 345)						
4	larguero	6	1.100	45	45	pino 2.ª clase
5	traviesa	4	345	45	45	pino 2.ª clase
6	traviesa intermedia	8	105	45	45	pino 2.ª clase
7	tornapuntas	4	500	45	45	pino 2.ª clase

Nota: Todas las dimensiones van indicadas en milímetros.

ACCESORIOS

- Cola blanca de carpintero.
- Clavijas de madera de haya de 8 mm.
- Barniz tapaporos y cera incolora de acabado.
- Tornillos de montaje.

INSTRUCCIONES Y MONTAJE

Fig. 116. Modelo

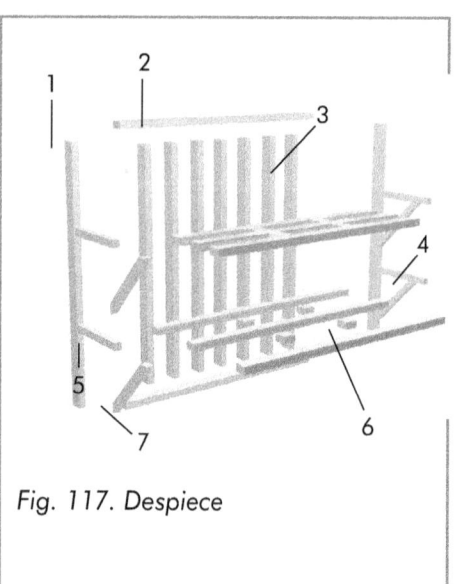

Fig. 117. Despiece

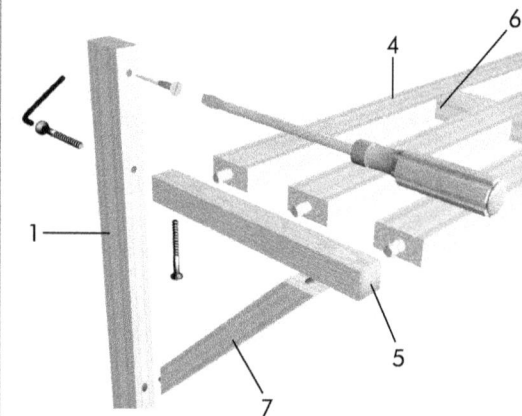

Fig. 118. Detalle del ensamblaje de la estantería y de la fijación a la pared

Estantería n.º 6

Operaciones

1. Preparar, según el diseño (figuras 119 y 120), las plantillas para los costados (figs. 121 y 122).
2. Cortar la madera.
3. Perfilar los cantos con la fresadora.
4. Taladrar los agujeros de unión.
5. Lijar las piezas.
6. Montar y encolar el conjunto.
7. Pulir y barnizar el conjunto.

Nota: La barandilla torneada y los pomos pueden adquirirse ya preparados.

		PIEZAS				
n.º	pieza	cantidad	largo	ancho	grueso	material
1	costado	2	1.110	250	25	pino o abeto 2.ª clase
2	estante	2	800	235	25	pino o abeto 2.ª clase
3	estante superior	1	800	125	25	pino o abeto 2.ª clase
4	traviesa trasera superior	1	800	150	25	pino o abeto 2.ª clase
5	traviesa trasera inferior	1	800	150	25	pino o abeto 2.ª clase
6	barandilla torneada	1	800	150	25	pino o abeto 2.ª clase
7	pomos	4	—	—	—	pino o abeto 2.ª clase

Nota: Todas las dimensiones van indicadas en milímetros.

ACCESORIOS

- Cola blanca de carpintero y clavijas de 8 mm.
- Barniz tapaporos y cera incolora de acabado.
- Tornillos, tacos o placas de soporte para la fijación a la pared.

INSTRUCCIONES Y MONTAJE

Fig. 119. Modelo

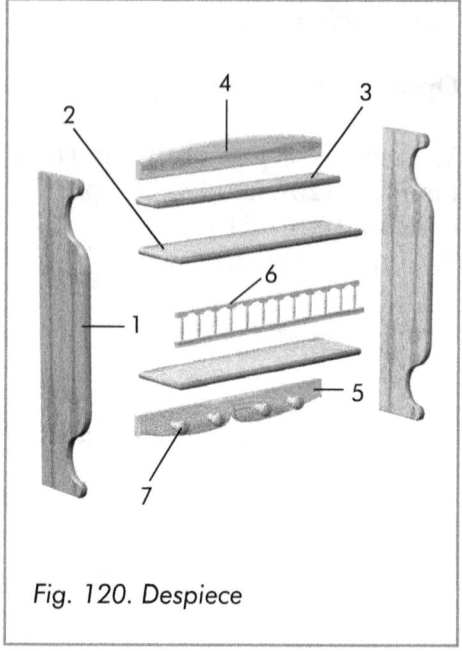

Fig. 120. Despiece

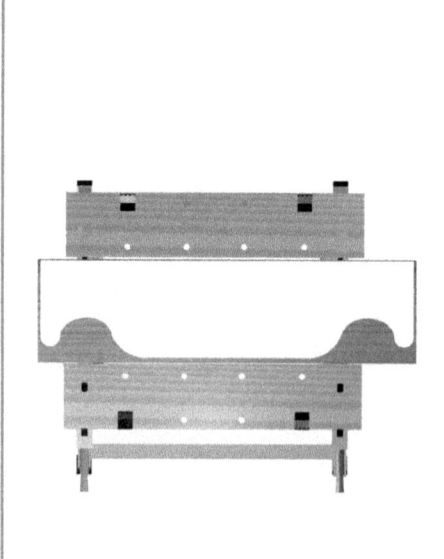

Fig. 121. Aplicación de la plantilla de cartulina sobre la pieza de madera

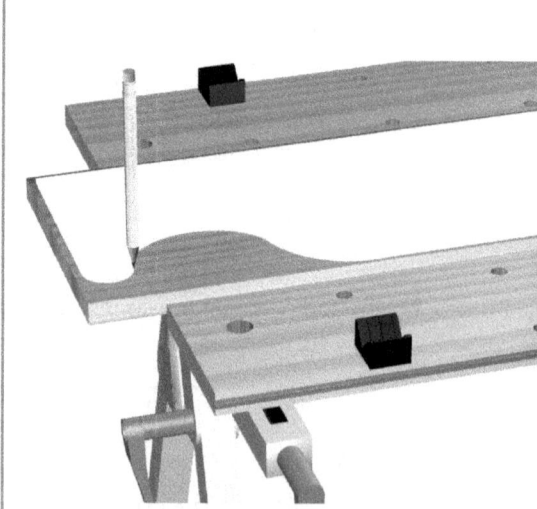

Fig. 122. Marcado con el lápiz del contorno de la plantilla sobre el costado

Estantería n.º 7

Platero

Operaciones

1. Preparar, según el diseño (figuras 123 y 124), las plantillas necesarias para los costados.
2. Cortar la madera con la sierra de calar siguiendo las indicaciones de la plantilla y la lista de piezas.
3. Perfilar los cantos con la fresadora.
4. Marcar y taladrar los agujeros para la unión con clavijas.
5. Lijar bien las piezas antes de encolarlas.
6. Montar y encolar el conjunto.
7. Fijar la trasera formada por tiras machihembradas de 90 x 11 mm (fig. 125).
8. Pulir y barnizar bien todo el conjunto.
9. Atornillar o colgar la estantería a la pared mediante tornillos o soportes metálicos y alcayatas.

Nota: La barandilla torneada, el machihembrado, la cornisa y los pomos pueden adquirirse en un establecimiento especializado.

			PIEZAS			
n.º	pieza	cantidad	largo	ancho	grueso	material
1	costado	2	1.110	250	25	pino o abeto 2.ª clase
2	tablero superior	1	800	250	25	pino o abeto 2.ª clase
3	estante	2	800	220	25	pino o abeto 2.ª clase
4	trasera (machihembrado)	1	1.110	780	11	pino o abeto 2.ª clase
5	barandilla torneada	2	800	150	25	pino o abeto 2.ª clase
6	cornisa	1	1.750	80	50	pino o abeto 2.ª clase
7	pomos	4	—	—	—	pino o abeto 2.ª clase

Nota: Todas las dimensiones van indicadas en milímetros.

INSTRUCCIONES Y MONTAJE

ACCESORIOS

- Cola blanca de carpintero y clavijas haya de 8 mm.
- Barniz tapaporos y cera incolora de acabado.
- Tornillos, tacos y placas de soporte para la fijación a la pared.

Fig. 123. Modelo

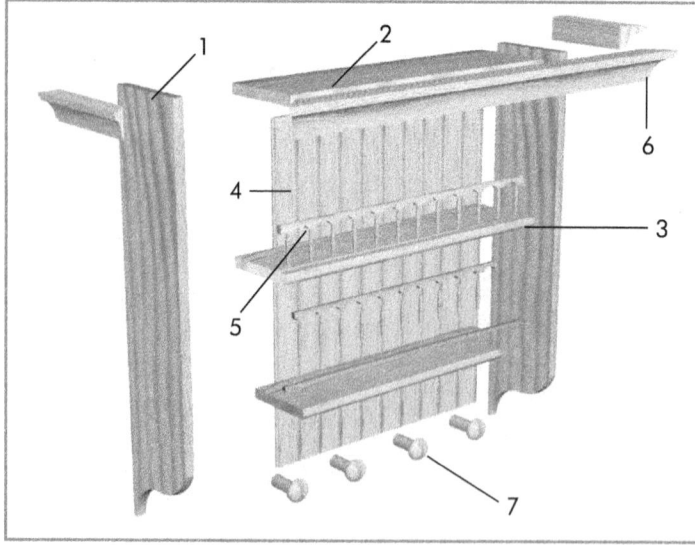

Fig. 124. Despiece

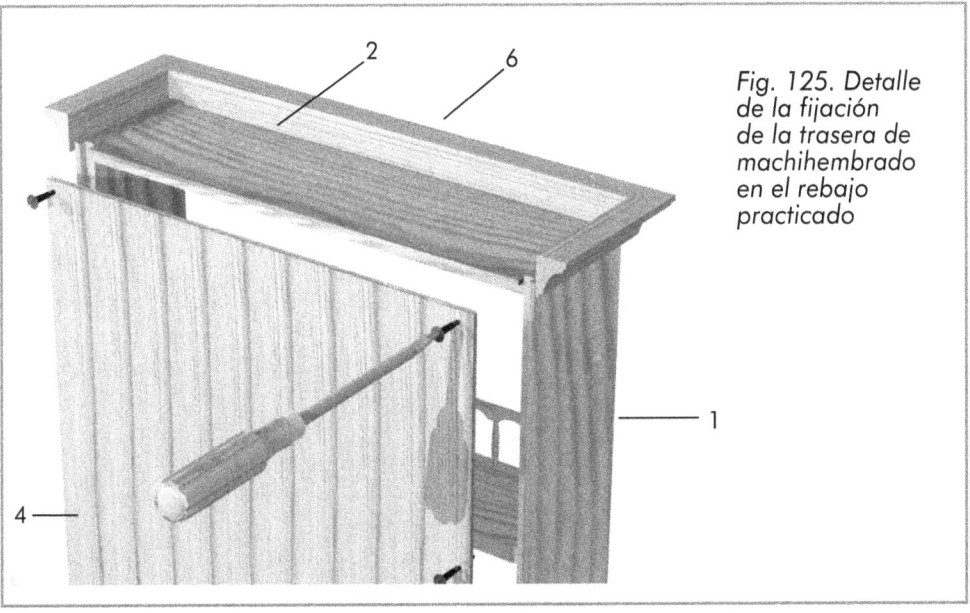

Fig. 125. Detalle de la fijación de la trasera de machihembrado en el rebajo practicado

ESTANTERÍAS DE PARED

Estantería n.º 8

Las estanterías de gran tamaño con un acabado en tonos oscuros sólo pueden quedar bien en habitaciones grandes que estén lo suficientemente iluminadas como para que contrasten con el resto de la estantería y no den una sensación de pesadez. Para los espacios pequeños son más adecuadas las estanterías de tonos claros sin trasera.

En esta ocasión se dan las indicaciones necesarias para construir una estantería librería con la que amueblar un comedor o una sala de estar.

La estructura de esta estantería ocupa muy poco espacio y tiene mucha capacidad, por lo que puede convertirse en un mueble de mucha utilidad.

Operaciones

1. Cortar o encargar el material cortado al almacén, según el diseño (figs. 126 y 127) y la lista de piezas.
2. Marcar y taladrar los agujeros para colocar las clavijas.
3. Encolar los bastidores verticales que han de soportar los estantes (figura 128).
4. Pulir y barnizar.
5. Atornillar los estantes.

Nota: Antes de montar la estantería, es necesario barnizar todas las piezas.

INSTRUCCIONES Y MONTAJE

PIEZAS

n.º	pieza	cantidad	largo	ancho	grueso	material
1	montante (4 bastidores)	8	2.200	50	22	pino o abeto 2.ª clase
2	traviesa (4 bastidores)	28	250	50	22	pino o abeto 2.ª clase
3	estante	7	2.200	250	22	pino o abeto 2.ª clase

Nota: Todas las dimensiones van indicadas en milímetros.

ACCESORIOS

■ Clavijas de madera de haya de 8 mm y cola de carpintero.

■ Barniz tapaporos y cera incolora de acabado.

■ Tornillos de fijación de los estantes de 18 x 40 mm de cabeza plana.

Fig. 126. Modelo

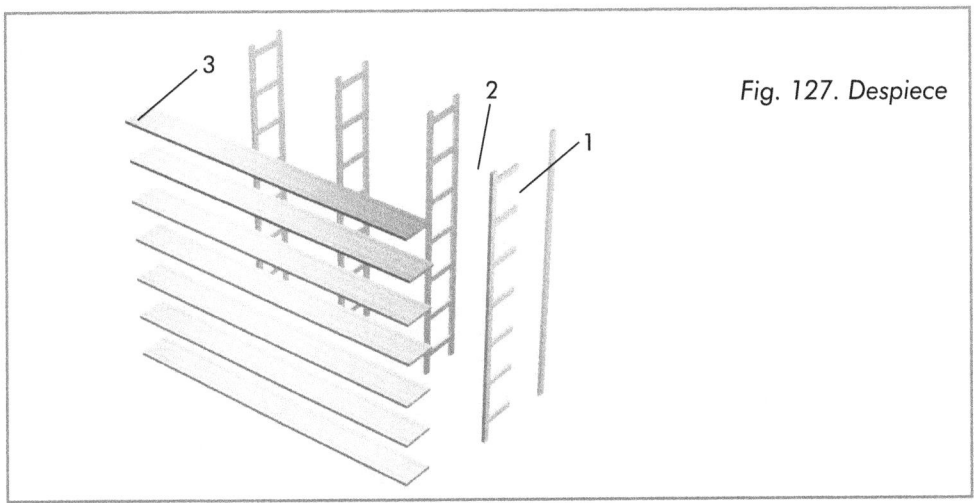

Fig. 127. Despiece

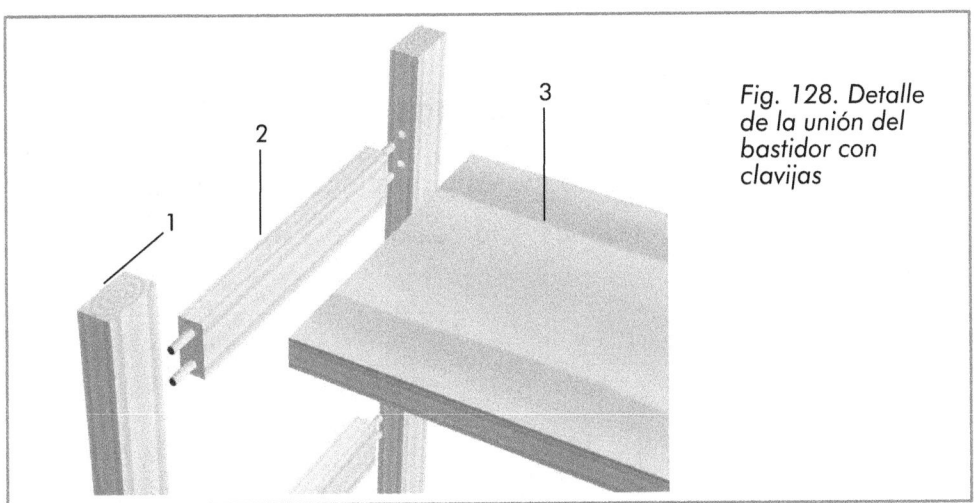

Fig. 128. Detalle de la unión del bastidor con clavijas

Estantería n.º 9

Estantería para despensa

Es muy adecuada para guardar comestibles, productos de limpieza y enseres diversos. Consta de largueros y travesaños ensamblados entre sí mediante tornillos Allen o clavijas.

Operaciones

1. Preparar el material según el diseño (figs. 129 y 130) y la lista de piezas.
2. Taladrar los agujeros de unión.
3. Atornillar los armazones (fig. 131).
4. Pulir y barnizar el conjunto.
5. Atornillar los listones.

Nota: Antes de montar la estantería, es necesario barnizar todas las piezas.

INSTRUCCIONES Y MONTAJE

PIEZAS

n.º	pieza	cantidad	largo	ancho	grueso	material
1	montante (2 bastidores)	4	2.000	100	25	pino o abeto 2.ª clase
2	traviesa (2 bastidores)	12	300	50	25	pino o abeto 2.ª clase
3	estante (6 x 3 listones)	18	900	90	25	pino o abeto 2.ª clase

Nota: Todas las dimensiones van indicadas en milímetros.

ACCESORIOS

- Tornillos Allen, barniz tapaporos y cera incolora de acabado.
- Tornillos de fijación de los estantes de 18 x 40 mm de cabeza plana.

Fig. 129. Modelo

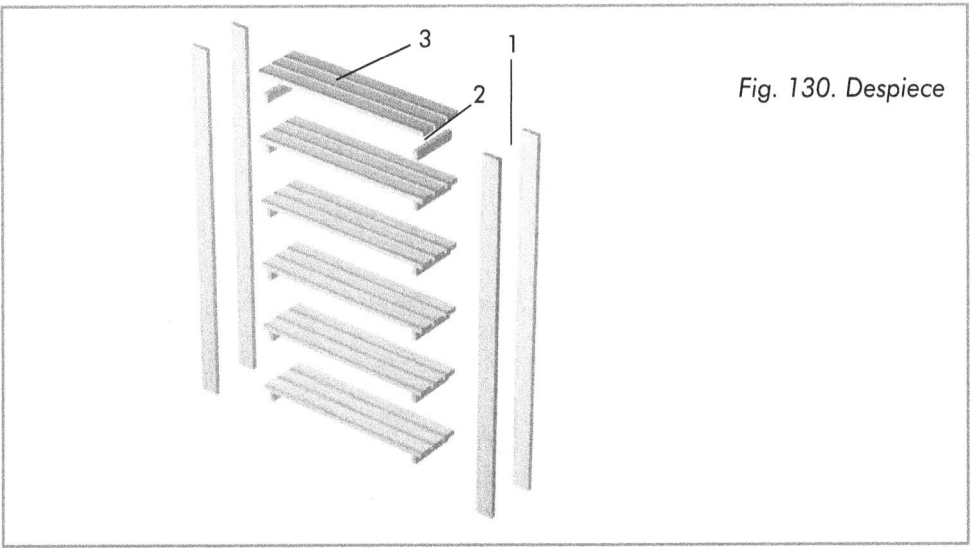

Fig. 130. Despiece

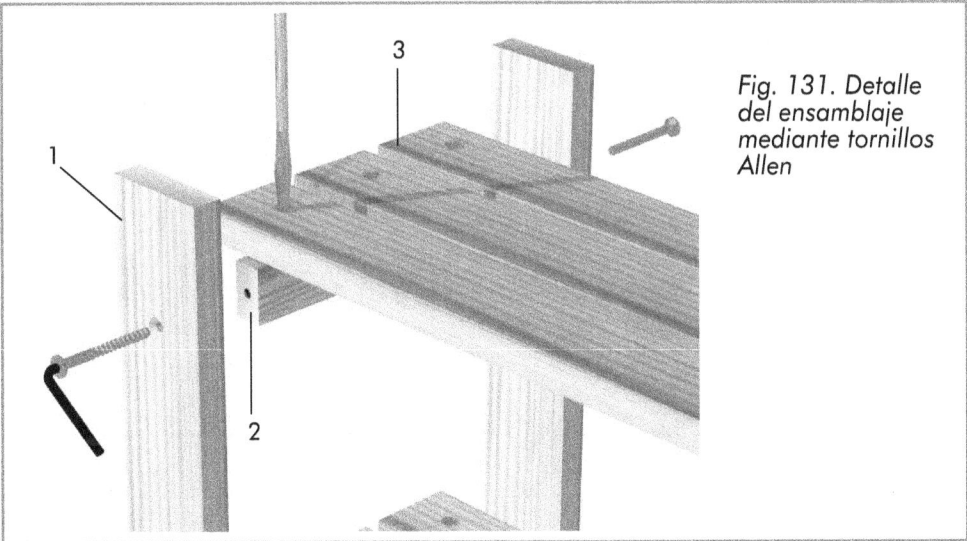

Fig. 131. Detalle del ensamblaje mediante tornillos Allen

Estantería n.º 10

Este mueble sirve como librería o para alojar el equipo de música.

La unión de los módulos puede realizarse con un tornillo metálico con embellecedor.

Operaciones

1. Cortar o encargar el material cortado al almacén, según el diseño (figuras 132 y 133) y la lista de piezas.
2. Marcar y taladrar los agujeros de unión.

INSTRUCCIONES Y MONTAJE

3. Aplacar los cantos con la plancha.
4. Lijar las piezas y barnizarlas.
5. Montar los módulos con tornillos Allen o clavijas (fig. 134).

6. Colocar los soportes de estantes y montar los módulos.
7. Fijar la estantería a la pared con tornillos resistentes.

PIEZAS

n.º	pieza	cantidad	largo	ancho	grueso	material
1	montante	3	2.400	100	25	pino o abeto 2.ª clase
módulo superior						
2	tablero superior e inferior	8	750	250	16	aglomerado rechapado
3	costado	8	350	250	16	aglomerado rechapado
4	estante	4	718	240	16	aglomerado rechapado
módulo inferior						
5	tablero superior e inferior	4	750	450	16	aglomerado rechapado
6	costado	4	420	450	16	aglomerado rechapado
7	estante	4	718	440	16	aglomerado rechapado

Nota: Todas las dimensiones van indicadas en milímetros.

ACCESORIOS

■ Cola blanca de carpintero y clavijas de madera de haya de 8 mm o tornillos de montaje Allen de 50 mm.

■ Chapa preencolada para los cantos.

■ 24 soportes para estantes, barniz tapaporos y cera incolora.

INSTRUCCIONES Y MONTAJE

Fig. 132. Modelo

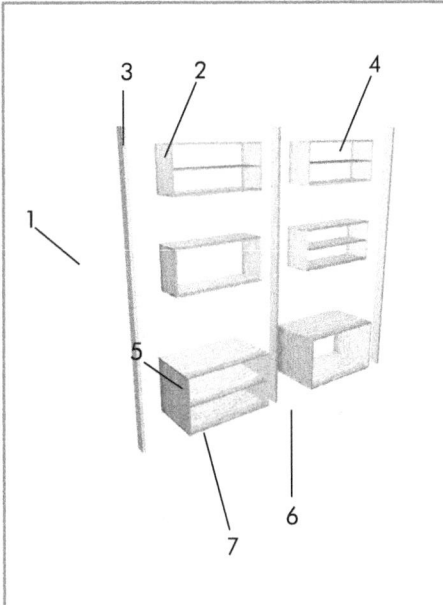

Fig. 133. Despiece

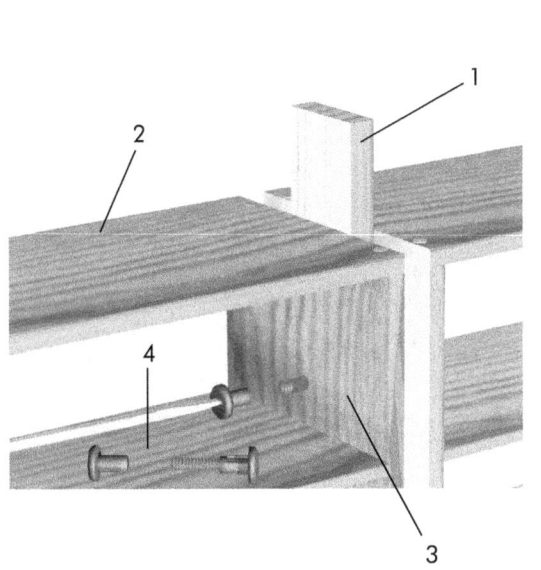

Fig. 134. Detalle de la unión entre módulos mediante tornillos especiales

125

INSTRUCCIONES Y MONTAJE

Estantería n.º 11

El mueble modular permite adaptarse a cualquier espacio. Sus usos son muy diversos: colocar unos cuantos libros, albergar una cadena de música, hacer de expositor o de lugar de almacenamiento.

Su carácter flexible permite montar muebles independientes o realizar composiciones de pared lineales o en ángulo. Se pueden crear muchas composiciones que además se ajustan perfectamente a las medidas de cada lugar.

Operaciones

1. Cortar o bien encargar el material ya cortado al almacén, según el diseño (figs. 135 y 136) y la lista de piezas.
2. Marcar y taladrar los agujeros para colocar las clavijas y los tornillos Allen.
3. Aplacar los cantos con la plancha caliente, procurando que queden bien adheridos a la madera.
4. Lijar las piezas que forman los módulos.
5. Barnizar el conjunto.
6. Montar los módulos con junta de bloques y tornillos Allen o clavijas (fig. 137).
7. Colocar los soportes de los estantes.
8. Atornillar bien los módulos.
9. Fijar las estanterías a la pared con tornillos y escuadras.

Nota: Antes de montar la estantería, es necesario barnizar todas las piezas.

PIEZAS

n.º	pieza	cantidad	largo	ancho	grueso	material
1	tablero superior e inferior	2	800	250	16	aglomerado rechapado
2	costado	2	768	250	16	aglomerado rechapado
3	estante	1	768	250	16	aglomerado rechapado
4	costado intermedio	2	376	250	16	aglomerado rechapado

Nota: Todas las dimensiones van indicadas en milímetros.

ACCESORIOS

- Cola blanca.
- Chapa preencolada.
- Clavijas de madera de haya de 8 mm y tornillos de montaje Allen de 50 mm.
- Barniz tapaporos y cera.
- Tornillos de unión y fijación.

Fig. 135. Modelo

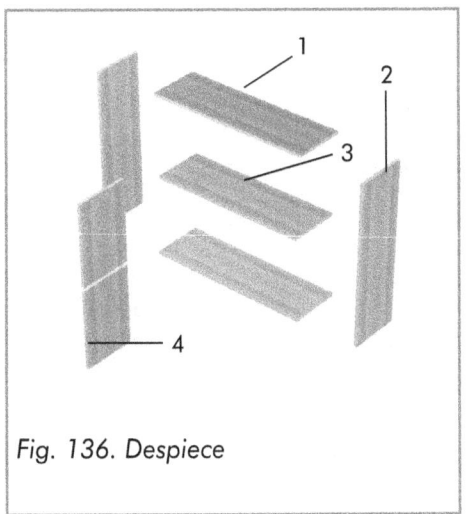

Fig. 136. Despiece

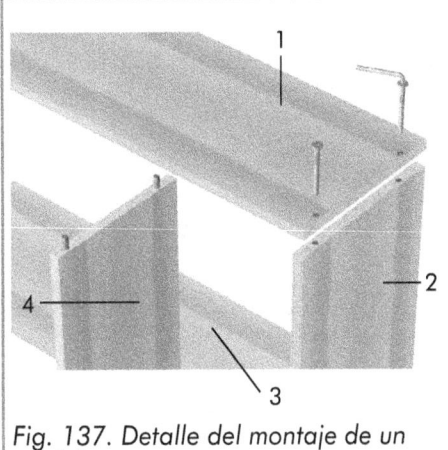

Fig. 137. Detalle del montaje de un módulo

Estantería n.º 12

Se trata de una estantería clásica de 1.250 x 830 x 215 mm con dos cajones que será de gran utilidad.

Operaciones

1. Preparar, según el diseño (figura 138), las piezas para la estantería y los cajones (fig. 139).

INSTRUCCIONES Y MONTAJE

2. Realizar los rebajos para la trasera.
3. Marcar y taladrar los agujeros de la unión con clavijas.
4. Perfilar la moldura del sobre de la estantería con la fresadora (fig. 140).
5. Realizar las ranuras con la fresadora para alojar el fondo del cajón.
6. Lijar las piezas antes de encolarlas.
7. Montar y encolar la estantería y los dos cajones.
8. Fijar las traseras de el conjunto.
9. Pulir y barnizar el conjunto.
10. Colocar los pomos y fijar la estantería a la pared.

PIEZAS

n.º	pieza	cantidad	largo	ancho	grueso	material
estantería						
1	tableros superior e inferior	1	830	215	22	pino o abeto 2.ª clase
2	costado	2	1.200	200	22	pino o abeto 2.ª clase
3	estantes y división horizontal	10	367	200	22	pino o abeto 2.ª clase
4	montante divisorio vertical	2	240	200	22	pino o abeto 2.ª clase
5	trasera	1	1.080	778	4	contrachapado de pino
cajones						
6	frontal cajón	2	367	150	22	pino o abeto 2.ª clase
7	costado cajón	4	156	150	22	pino o abeto 2.ª clase
8	trasera cajón	2	323	136	22	pino o abeto 2.ª clase
9	fondo cajón	2	347	194	3	contrachapado de pino
10	pomos	3	—	—	—	pino o abeto 2.ª clase
11	zócalo	1	1.300	100	22	pino o abeto 2.ª clase

Nota: Todas las dimensiones van indicadas en milímetros.

INSTRUCCIONES Y MONTAJE

ACCESORIOS

■ Cola blanca de carpintero.

■ Clavijas de madera de haya de 8 mm.

■ Barniz tapaporos y cera incolora de acabado.

■ Tornillos para la fijación de la trasera.

■ Tornillos, tacos y placas de soporte para la fijación a la pared.

Fig. 138. Modelo

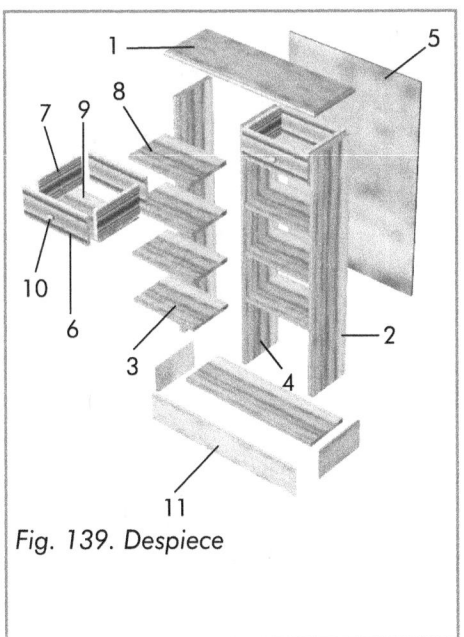

Fig. 139. Despiece

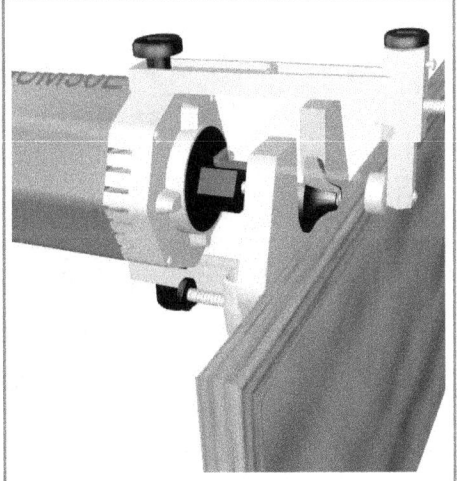

Fig. 140. Detalle de la realización de la moldura del sobre con la fresadora

INSTRUCCIONES Y MONTAJE

Estantería n.º 13

Operaciones

1. Preparar el material según el diseño (figs. 141 y 142) y la lista de piezas.
2. Marcar y taladrar los agujeros para colocar las clavijas.
3. Aplacar los cantos.
4. Lijar las piezas que forman los módulos.
5. Teñir y barnizar el conjunto.
6. Encolar y montar el módulo con clavijas o con junta de bloques (figura 143).
7. Colocar los soportes de estantes.
8. Fijar los pies.
9. Fijar la estantería a la pared.

Nota: Los tableros intermedios verticales hay que encolarlos con clavijas o fijarlos con junta de bloques. Si la estantería debe ser desmontable, se barnizarán las piezas.

PIEZAS

n.º	pieza	cantidad	largo	ancho	grueso	material
1	tablero superior	1	960	260	16	aglomerado rechapado
2	costado	4	900	250	16	aglomerado rechapado
3	tablero inferior	1	900	250	16	aglomerado rechapado
4	estante	6	287	250	16	aglomerado rechapado
5	pies	4	150	50	50	pino o abeto 2.ª clase

Nota: Todas las dimensiones van indicadas en milímetros.

ACCESORIOS

■ Cola blanca de carpintero y chapa preencolada.

■ Clavijas de madera de haya de 8 mm, tornillos de montaje de junta de bloques y tornillos y escuadras de fijación a la pared.

■ Barniz tapaporos y cera incolora de acabado.

INSTRUCCIONES Y MONTAJE

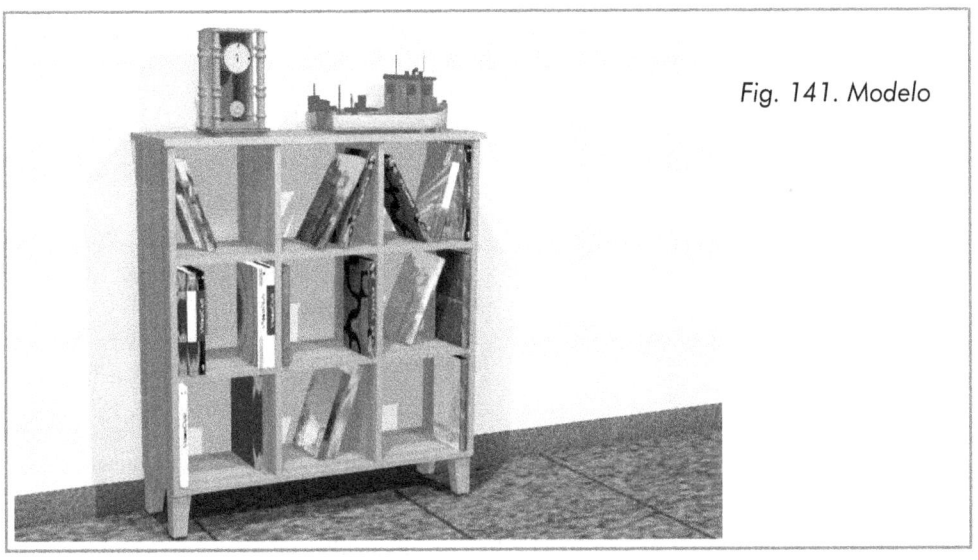

Fig. 141. Modelo

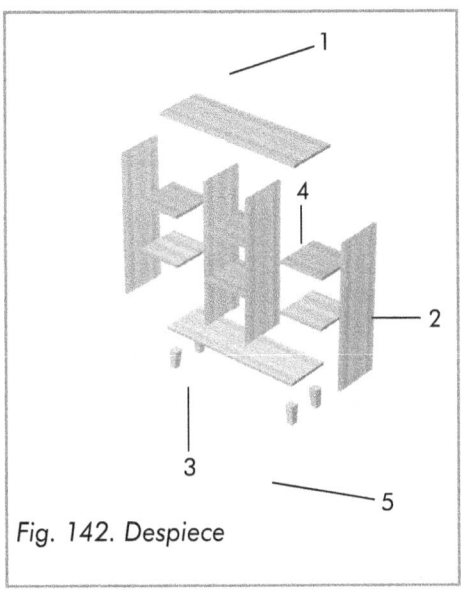

Fig. 142. Despiece

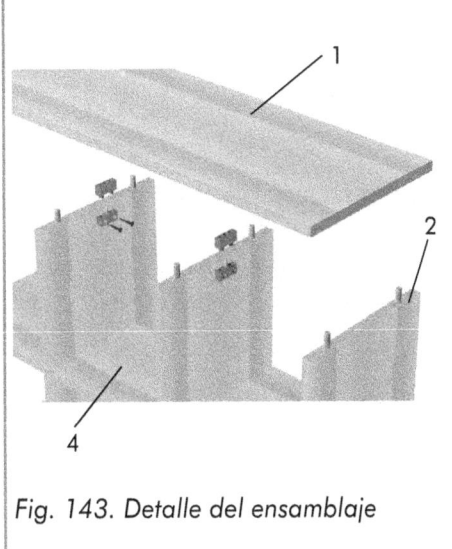

Fig. 143. Detalle del ensamblaje

Estantería n.º 14

Estantería nórdica

Las estanterías rústicas de madera maciza son idóneas para recrear un ambiente acogedor de casa de campo. Los muebles hechos a mano con materiales naturales y sólidos según formas y procedimientos tradicionales perviven al margen de estilos y modas. Sus acabados dan una sensa-

INSTRUCCIONES Y MONTAJE

ción de calidez y proximidad muy agradables.

Operaciones

1. Preparar y cortar la madera según el diseño y la lista de piezas (figuras 144 y 145).
2. Cortar a inglete la cornisa de la estantería (fig. 146).
3. Taladrar los agujeros de la unión con clavijas o con tornillos Allen.
4. Realizar, con la fresadora, el rebajo para la trasera de machihembrado (fig. 147).
5. Perfilar las molduras del zócalo y de la cornisa.
6. Lijar las piezas antes de encolarlas.
7. Montar o encolar el conjunto.
8. Fijar la trasera formada por tiras machihembradas de 90 x 11 mm.
9. Colocar la cornisa y el zócalo, previamente preparados para la unión de esquina a inglete.
10. Pulir y barnizar el conjunto.
11. Atornillar la estantería a la pared con tornillos o soportes metálicos.

Nota: Si se desea atornillar las piezas en vez de encolarlas, se barnizarán antes de montarlas. El machihembrado, la cornisa y el zócalo pueden adquirirse preparados.

PIEZAS

n.º	pieza	cantidad	largo	ancho	grueso	material
1	tablero superior e inferior	2	800	250	22	pino o abeto 2.ª clase
2	costado	2	2.000	250	22	pino o abeto 2.ª clase
3	estante	4	800	240	22	pino o abeto 2.ª clase
4	trasera (machihembrado de piezas de 100 x 9)	1	1.880	780	9	pino o abeto 2.ª clase
5	cornisa	1	1.500	80	40	pino o abeto 2.ª clase
6	zócalo	1	1.500	100	22	pino o abeto 2.ª clase

Nota: Todas las dimensiones van indicadas en milímetros.

INSTRUCCIONES Y MONTAJE

ACCESORIOS

- Cola blanca de carpintero.
- Clavijas de madera de haya de 8 mm o tornillos Allen.
- Barniz tapaporos y cera incolora de acabado.
- Tornillos, tacos y placas soporte para fijación a la pared.

Fig. 144. Modelo

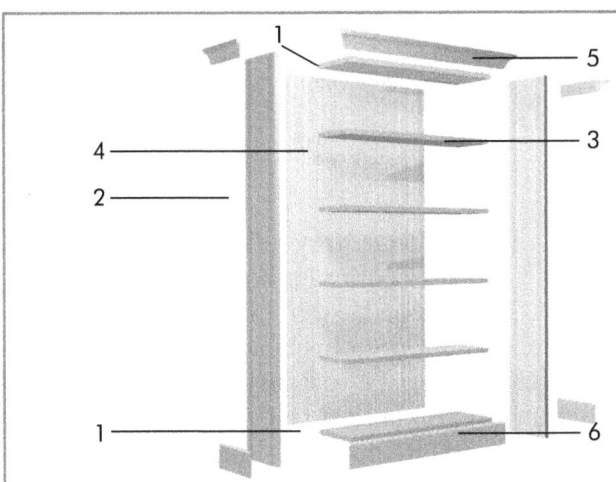

Fig. 145. Despiece

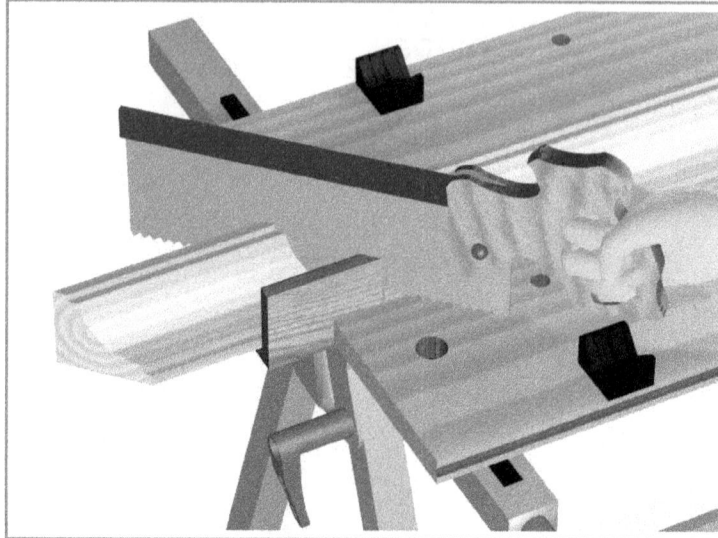

Fig. 146. Detalle del corte a inglete de la cornisa de la estantería

Fig. 147. Detalle de la formación de la trasera de machihembrado

Estantería n.º 15

Operaciones

1. Cortar o, si se prefiere, encargar el material cortado al almacén, según las indicaciones del diseño y la lista de piezas (figs. 148 y 149).

2. Marcar y taladrar los agujeros para cortar los huecos a media madera con la sierra de calar.

3. Cortar los huecos que han de coincidir en los costados y los estantes con la sierra de calar (fig. 150).

4. Realizar un rebajo en los estantes para encajar la trasera.

INSTRUCCIONES Y MONTAJE

5. Aplacar los cantos de la trasera con una plancha caliente.
6. Perfilar todos los cantos con la fresadora.
7. Pulir y barnizar el conjunto.
8. Montar la estantería.
9. Fijar la trasera.
10. Fijar con tornillos la estantería a la pared.

Nota: Antes de montar la estantería, es necesario barnizar todas las piezas.

	PIEZAS					
n.º	pieza	cantidad	largo	ancho	grueso	material
1	montante	4	1.900	100	25	pino o abeto 2.ª clase
2	estante	5	1.900	250	25	pino o abeto 2.ª clase
3	trasera	1	1.520	600	16	aglomerado rechapado

Nota: Todas las dimensiones van indicadas en milímetros.

ACCESORIOS

■ Chapa preencolada.

■ Tornillos Allen de 8 mm (no es recomendable utilizar clavijas de madera de haya).

■ Barniz tapaporos y cera incolora de acabado.

■ Tornillos para la fijación de la trasera.

■ Tornillos, tacos y placas soporte para fijación a la pared.

Fig. 148. Modelo

INSTRUCCIONES Y MONTAJE

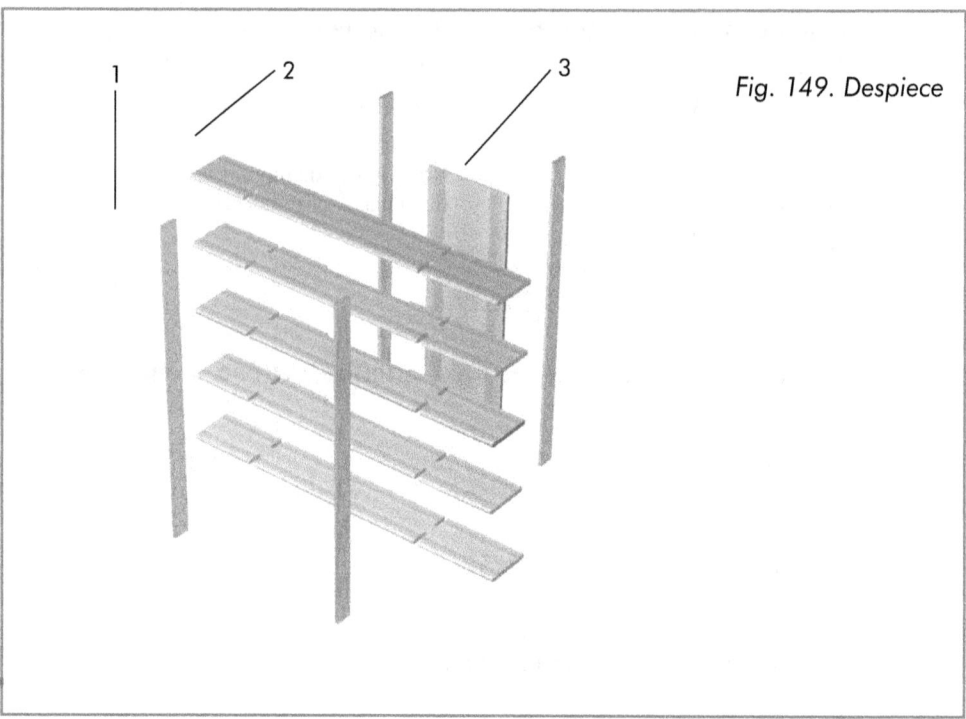

Fig. 149. Despiece

Fig. 150. Detalle del corte de los huecos de acoplamiento

Estantería n.º 16

Operaciones

1. Cortar, si se prefiere, o bien encargar todo el material cortado al almacén, según las indicaciones del diseño y la lista de piezas (figs. 151 y 152).
2. Marcar y taladrar los agujeros de manera que después se puedan cortar con facilidad los huecos a media madera mediante la sierra de calar (fig. 153).
3. Cortar los huecos que han de coincidir en los costados y los estantes con la sierra de calar.
4. Perfilar bien los cantos con la fresadora.
5. Pulir y barnizar cada una de las piezas.
6. Montar la estantería.
7. Fijar la estantería a la pared (opcional).

Nota: Antes de montar la estantería, es necesario barnizar todas las piezas y dejarlas secar.

PIEZAS						
n.º	pieza	cantidad	largo	ancho	grueso	material
1	montante	12	1.250	70	22	pino o abeto 2.ª clase
2	traviesa exterior	8	1.250	35	22	pino o abeto 2.ª clase
3	traviesa	16	1.250	70	22	pino o abeto 2.ª clase

Nota: Todas las dimensiones van indicadas en milímetros.

ACCESORIOS

■ Cola blanca de carpintero.

■ Barniz tapaporos y cera incolora de acabado.

■ Tornillos, tacos y placas soporte para fijación a la pared (en el caso de que la estantería no sea exenta).

INSTRUCCIONES Y MONTAJE

Fig. 151. Modelo

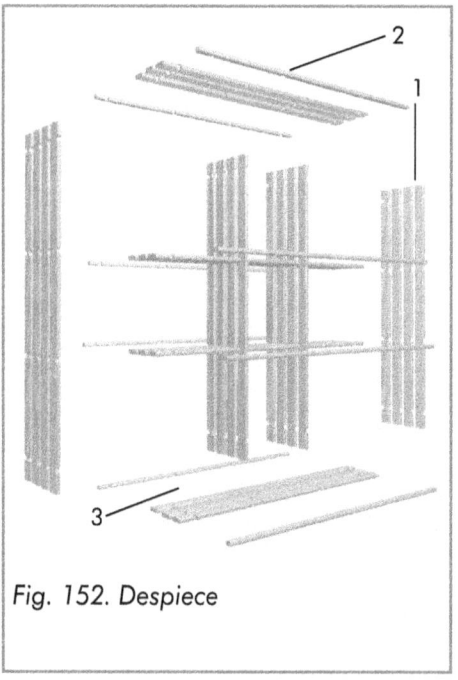

Fig. 152. Despiece

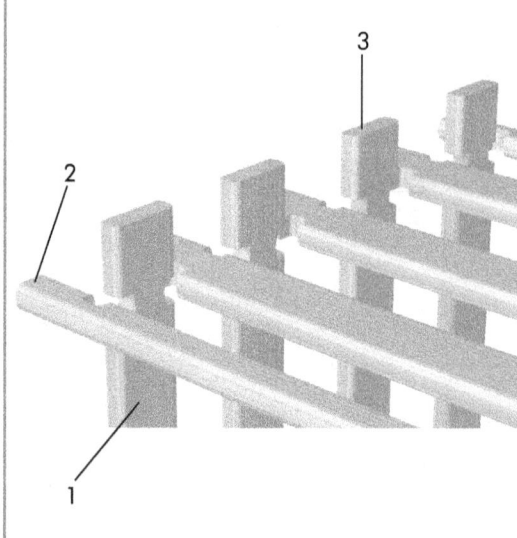

Fig. 153. Detalle de la unión de listones a media madera

Estantería n.º 17

Hasta hace poco, la sala de estar solía acondicionarse con un gran mueble donde se colocaban libros, objetos decorativos, fotografías de familia, la televisión y la cadena musical. Hoy en día se opta por situar varios módulos de menor tamaño con estantes y puertas.

Los objetos de más uso deben situarse a la altura de la vista. Un adulto normal alcanza un estante situado a 1,80 o 2 m del suelo.

La composición en escalera que presentamos a continuación está compuesta por módulos acoplados a distintas alturas y puede ser adecuada para un techo inclinado.

A medida que los niños van creciendo, aumentan sus necesidades en el estudio, por lo que las estanterías deben poder reconvertirse y ampliarse.

Operaciones

1. Cortar o encargar el material cortado al almacén, según el diseño y la lista de piezas (figs. 154 y 155).
2. Encolar los listones de los costados mediante clavijas interpuestas.
3. Lijar y pulir todas las piezas.
4. Atornillar o encolar los dos listones correspondientes al tablero superior y los tres listones correspondientes al tablero inferior.
5. Barnizar el conjunto.
6. Proceder de igual forma con el resto de módulos.

Nota: Antes de montar la estantería, es necesario barnizar todas las piezas.

		PIEZAS					
n.º	pieza		cantidad	largo	ancho	grueso	material
1	montante (listones verticales, 2 x 5)		10	400	50	25	pino o abeto 2.ª clase
2	tablero superior (2 listones)		2	800	50	25	pino o abeto 2.ª clase
3	tablero inferior (3 listones)		3	800	50	25	pino o abeto 2.ª clase

Nota: Todas las dimensiones van indicadas en milímetros.

INSTRUCCIONES Y MONTAJE

ACCESORIOS

- Cola blanca de carpintero.
- Clavijas de madera de haya de 8 mm.
- Barniz tapaporos y cera incolora de acabado.
- Tornillos de montaje (opcionales).

Fig. 154. Modelo

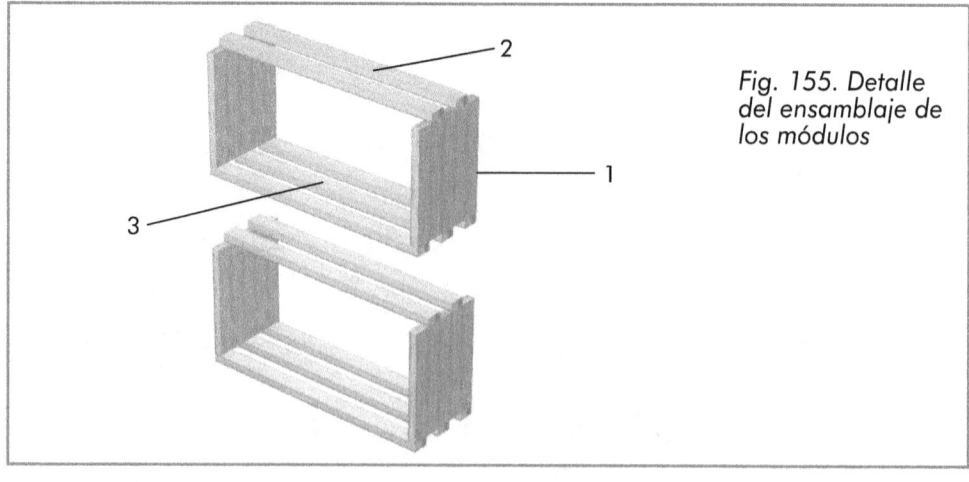

Fig. 155. Detalle del ensamblaje de los módulos

Estantería n.º 18

Operaciones

1. Preparar y cortar la madera, o bien comprarlas cortadas, según las indicaciones del diseño y la lista de piezas (figs. 156 y 157).
2. Marcar y taladrar los agujeros de la unión con clavijas.
3. Perfilar las molduras del tablero superior e inferior.
4. Lijar bien las piezas antes de encolarlas.
5. Montar y encolar el conjunto (figura 158).
6. Encolar o atornillar los pies.
7. Colocar los soportes para los estantes.
8. Pulir, teñir y barnizar el conjunto.

		PIEZAS				
n.º	pieza	cantidad	largo	ancho	grueso	material
1	tablero superior e inferior	2	420	260	22	pino o abeto 2.ª clase
2	montante	15	1.050	40	22	pino o abeto 2.ª clase
3	estante	2	350	240	22	pino o abeto 2.ª clase
4	pies	4	100	100	50	pino o abeto 2.ª clase

Nota: Todas las dimensiones van indicadas en milímetros.

ACCESORIOS

- Cola blanca de carpintero.
- Clavijas de madera de haya de 8 mm.
- Tinte, barniz tapaporos y cera incolora de acabado.

INSTRUCCIONES Y MONTAJE

Fig. 156. Modelo

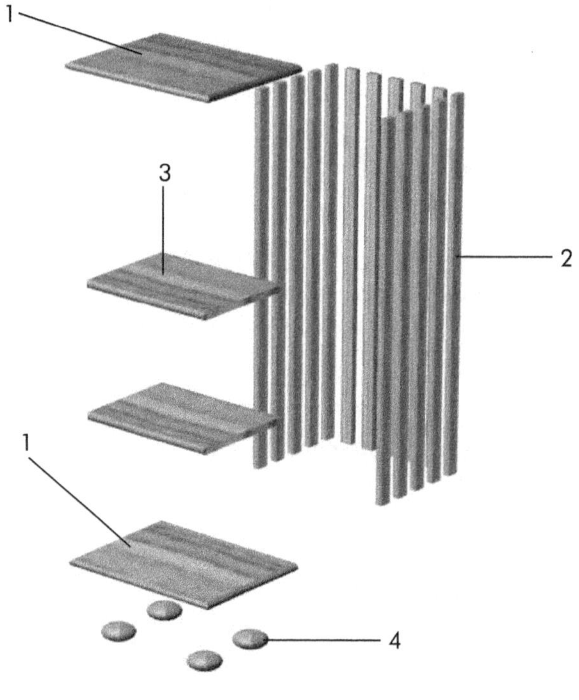

Fig. 157. Despiece

INSTRUCCIONES Y MONTAJE

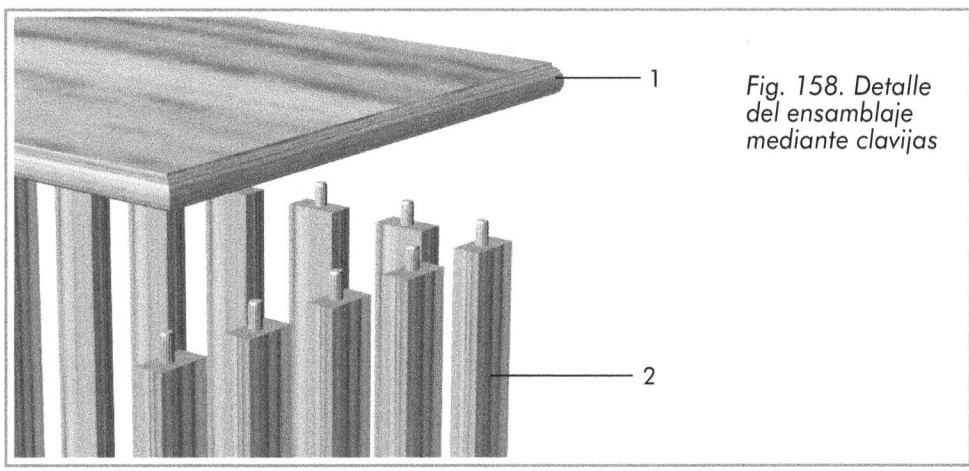

Fig. 158. Detalle del ensamblaje mediante clavijas

ESTANTERÍAS PARA ESQUINA

Estantería n.º 19

Operaciones

1. Preparar la madera o bien comprar las piezas cortadas y escuadradas, siguiendo las indicaciones del diseño y de la lista de piezas (figs. 159 y 160).
2. Marcar y taladrar todos los agujeros para realizar la unión con clavijas.
3. Perfilar las molduras del tablero superior e inferior.
4. Lijar bien las piezas antes de encolarlas.

		PIEZAS				
n.º	*pieza*	*cantidad*	*largo*	*ancho*	*grueso*	*material*
1	tablero superior e inferior	2	28	280	22	pino o abeto 2.ª clase
2	montante	4	2.050	100	22	pino o abeto 2.ª clase
3	estante	5	240	240	22	pino o abeto 2.ª clase
4	pie	3	100	100	50	pino o abeto 2.ª clase

Nota: Todas las dimensiones van indicadas en milímetros.

INSTRUCCIONES Y MONTAJE

ACCESORIOS

- Cola blanca de carpintero.
- Clavijas de madera de haya de 8 mm.
- Tinte, barniz tapaporos y cera incolora de acabado.

5. Montar y encolar el conjunto (figura 161).
6. Encolar o, si se prefiere, atornillar los pies.
7. Colocar los soportes para los estantes.
8. Pulir y barnizar el conjunto.
9. Fijar la estantería a la pared.

Fig. 159. Modelo

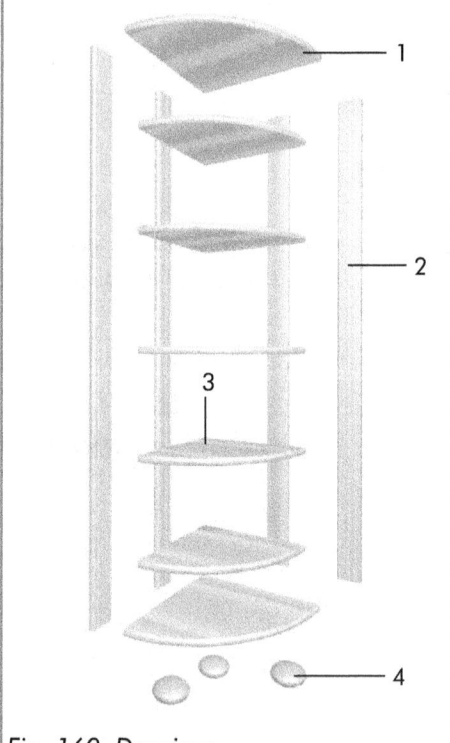

Fig. 160. Despiece

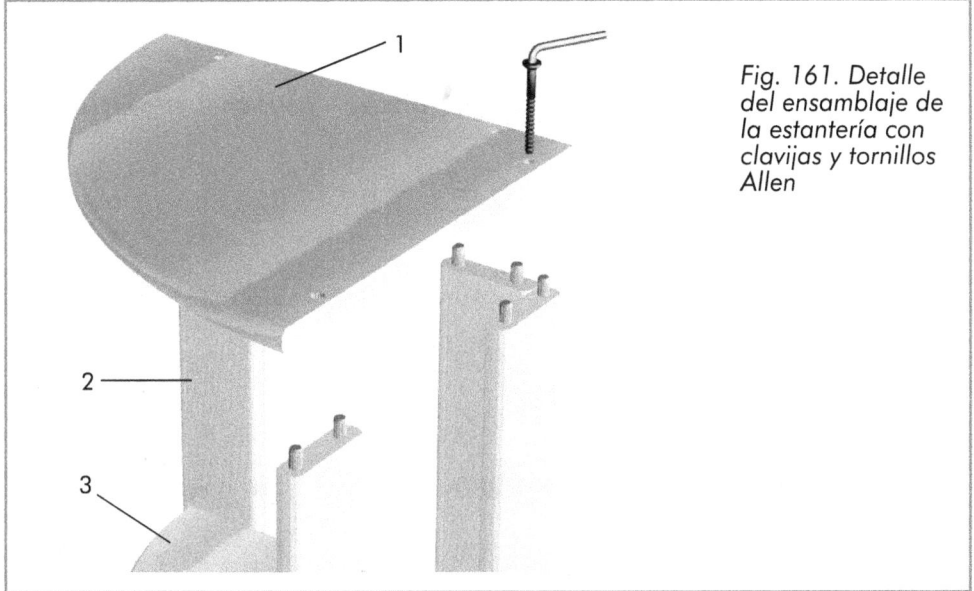

Fig. 161. Detalle del ensamblaje de la estantería con clavijas y tornillos Allen

Estantería n.º 20

Las bibliotecas son uno de los elementos más importantes a la hora de organizar una vivienda.

Este modelo consiste en una librería construida a base de módulos que puede ampliarse fácilmente a medida que aumenten las necesidades.

Muy práctica y de líneas sencillas, permite crear un área especial para la lectura.

Operaciones

1. Cortar o encargar el material cortado al almacén, según las indicaciones del diseño y la lista de piezas (figs. 162 y 163).
2. Marcar y taladrar todos los agujeros donde se colocarán los tornillos Allen.
3. Realizar un rebajo o ranura para encajar la trasera.
4. Perfilar bien los cantos con la fresadora.
5. Pulir y barnizar.
6. Colocar todos los soportes de los estantes.
7. Montar el conjunto con tornillos Allen (fig. 164).
8. Ajustar y atornillar los módulos entre sí.
9. Colocar en la esquina un listón tapajuntas (figs. 165 y 166).
10. Fijar el conjunto a la pared con tornillos y escuadras.

Nota: Antes de montar la estantería, es necesario barnizar todas las piezas.

INSTRUCCIONES Y MONTAJE

PIEZAS

n.º	pieza	cantidad	largo	ancho	grueso	material
1	tablero superior	1	745	270	22	pino o abeto 2.ª clase
2	tablero inferior	1	745	270	22	pino o abeto 2.ª clase
3	costado	2	1.900	250	22	pino o abeto 2.ª clase
4	estante	7	700	240	22	pino o abeto 2.ª clase
5	trasera	1	1.880	720	4	contrachapado de pino
6	pies esféricos	4	100	100	50	pino o abeto 2.ª clase

Nota: Todas las dimensiones van indicadas en milímetros.

ACCESORIOS

- Clavijas de haya de 8 mm o tornillos Allen de 50 mm.
- 20 soportes para estantes.
- Barniz tapaporos y cera incolora de acabado.
- Tornillos de fijación de la trasera de 18 x 25 mm de cabeza plana y tornillos para la fijación de los pies.

NOTA

Los módulos deben unirse con tornillos. Los agujeros deben practicarse en zonas poco visibles (por ejemplo, las que queden ocultas por los estantes). El conjunto deberá fijarse a la pared.

INSTRUCCIONES Y MONTAJE

Fig. 162. Modelo

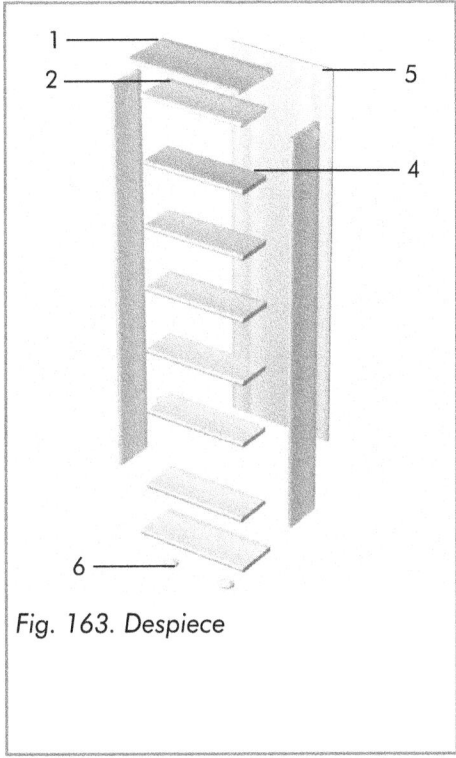

Fig. 163. Despiece

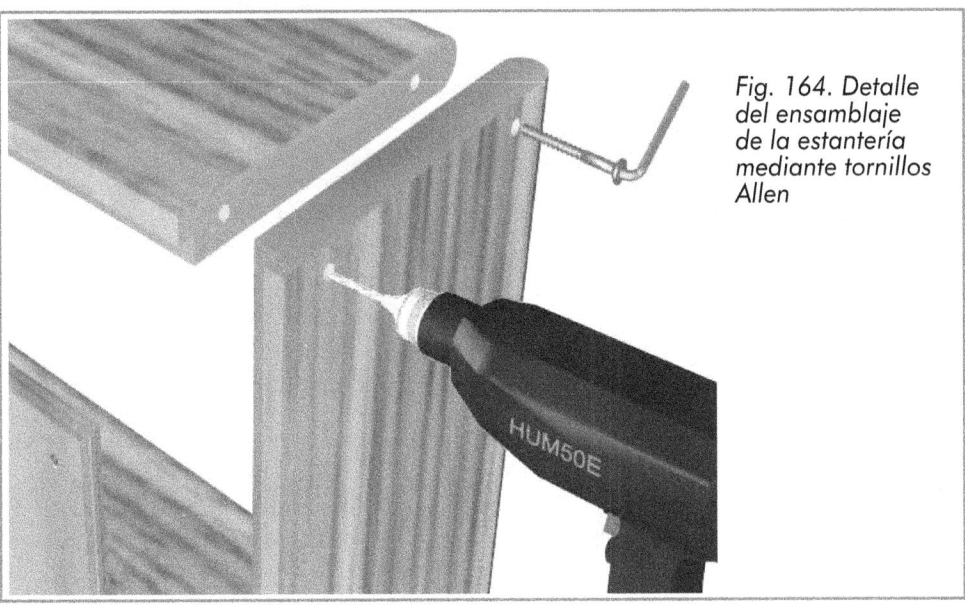

Fig. 164. Detalle del ensamblaje de la estantería mediante tornillos Allen

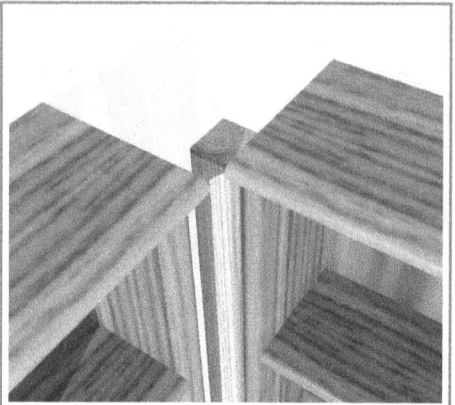

Fig. 165. Detalle de la unión en esquina

Fig. 166. Detalle de la fijación del listón que se utiliza como articulación en la esquina para cubrir el hueco

ESTANTERÍAS ESPECIALES

Estantería n.º 21

Correderas para estanterías

Son de rodadura inferior y guiado superior. Al tablero superior se le atornillan unos pivotes. El perfil de la guía superior se atornilla en el tablero superior del mueble de fondo.

Operaciones

1. Cortar o encargar el material cortado al almacén, según el diseño y la lista de piezas (figs. 167 y 168).
2. Marcar y taladrar los agujeros para colocar los tornillos Allen (figuras 169 y 170).
3. Realizar un rebajo o una ranura para encajar la trasera.
4. Perfilar los cantos con la fresadora.
5. Pulir y barnizar.
6. Colocar los soportes de estantes.
7. Montar el conjunto con tornillos Allen.
8. Ajustar y atornillar los módulos de la pared entre sí.
9. Colocar la guía corredera y los pivotes o la pletina de deslizamiento en el módulo delantero.
10. Colocar las ruedas de deslizamiento en el módulo delantero.
11. Fijar el conjunto a la pared.

Nota: Antes de montar la estantería, es necesario barnizar todas las piezas. El módulo corredero delantero deberá hacerse algo más corto para que encaje en los módulos posteriores.

INSTRUCCIONES Y MONTAJE

n.°	pieza	cantidad	largo	ancho	grueso	material
	PIEZAS					
1	tablero superior	1	745	270	22	pino o abeto 2.ª clase
2	tablero inferior	1	745	270	22	pino o abeto 2.ª clase
3	costado	2	1.900	250	22	pino o abeto 2.ª clase
4	estante	7	700	240	22	pino o abeto 2.ª clase
5	trasera	1	1.880	720	4	contrachapado de pino
6	pies esféricos	4	100	100	50	pino o abeto 2.ª clase

Nota: Todas las dimensiones van indicadas en milímetros.

ACCESORIOS

■ Clavijas de haya de 8 mm o tornillos Allen de 50 mm.

■ 20 soportes para estantes, barniz y cera de acabado.

■ Tornillos de fijación de la trasera de 18 x 35 mm de cabeza plana y tornillos para la fijación de los pies.

Accesorios correspondientes al módulo corredero

■ Pletinas o pivotes de deslizamiento.

■ Guía métalica en forma de u de 1.500 x 20 x 10 mm.

■ Tornillos de cabeza plana de 18 x 25 mm y 20 x 40 mm.

INSTRUCCIONES Y MONTAJE

Fig. 167. Modelo

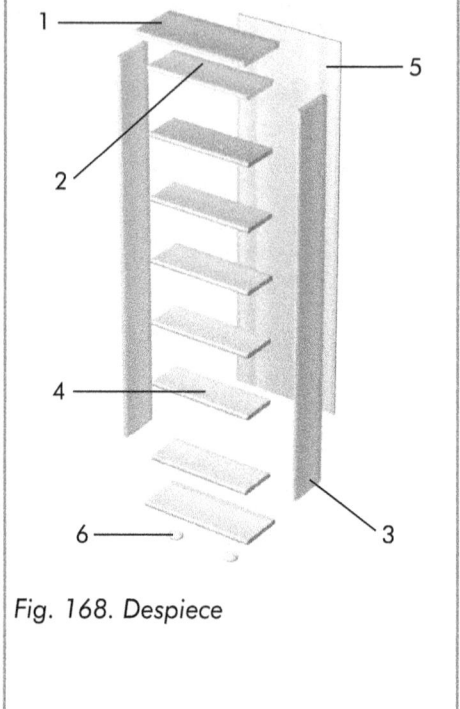

Fig. 168. Despiece

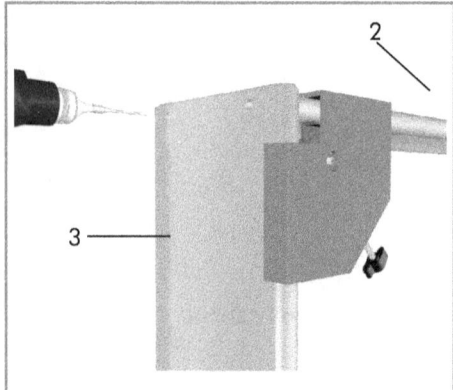

Fig. 169. Sujeción de dos piezas mediante la escuadra de fijación de ángulos para taladrarlas simultáneamente

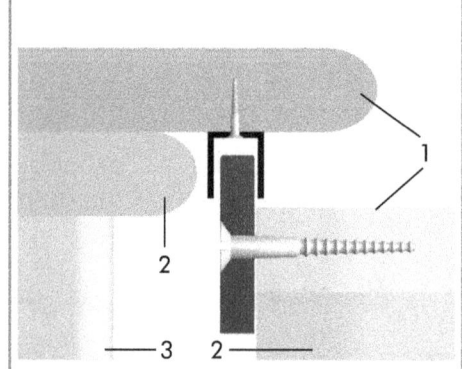

Fig. 170. Detalle de la fijación de la guía corredera

Estantería n.º 22

Operaciones

1. Realizar un croquis previo para determinar la inclinación de los montantes.
2. Cortar la madera según el diseño y la lista de piezas (figs. 171 y 172). Si se prefiere, pueden encargarse en un establecimiento especializado.
3. Cortar a bisel los montantes según el croquis.
4. Marcar y taladrar los agujeros de la unión con clavijas.
5. Lijar bien las piezas antes de encolarlas.
6. Montar cada uno de los dos bastidores y, a continuación, encolarlos (fig. 173).
7. Pulir y barnizar bien todas las piezas, tanto los bastidores como los estantes.
8. Atornillar los listones para formar los estantes y completar así la estantería.

PIEZAS						
n.º	pieza	cantidad	largo	ancho	grueso	material
1	montante	4	1.750	90	22	pino o abeto 2.ª clase
2	estante (3 listones de 70 x 22)	5	1.250	250	22	pino o abeto 2.ª clase
3	traviesa	5	250	70	22	pino o abeto 2.ª clase

Nota: Todas las dimensiones van indicadas en milímetros.

ACCESORIOS

- Cola blanca de carpintero.
- Clavijas de madera de haya de 8 mm.
- Barniz tapaporos y cera incolora de acabado.
- Tornillos de montaje.

INSTRUCCIONES Y MONTAJE

Fig. 171. Modelo

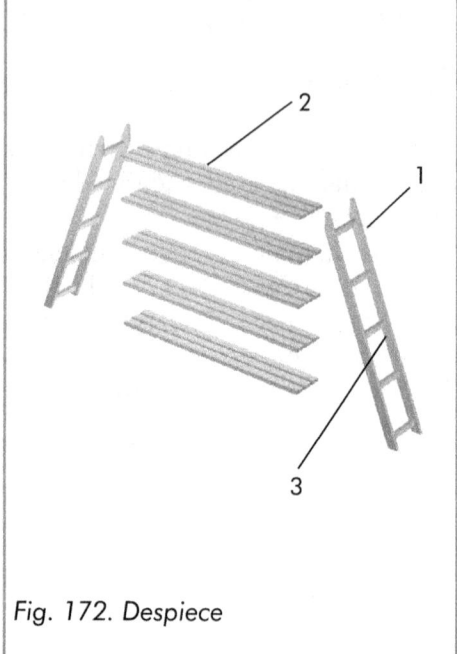

Fig. 172. Despiece

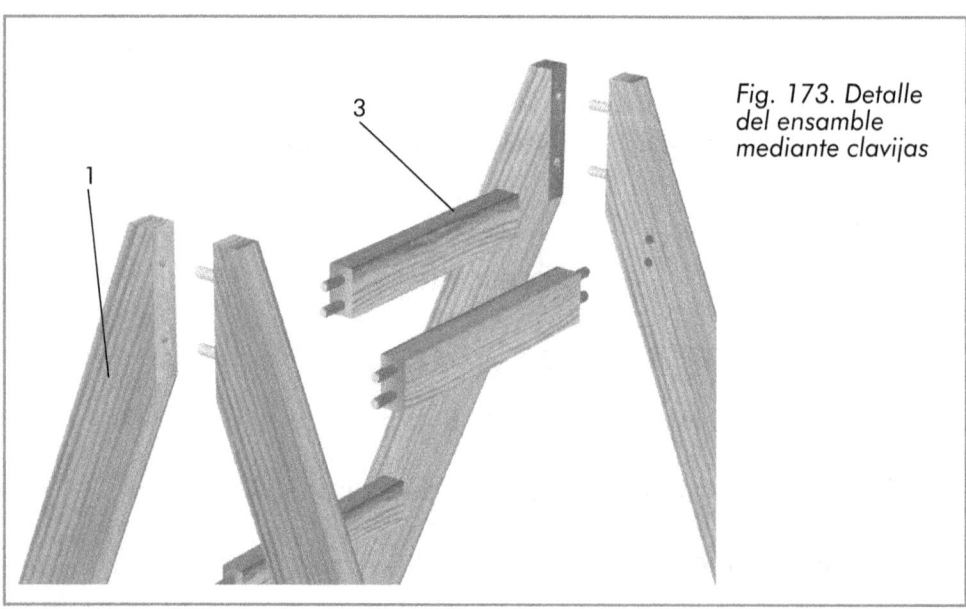

Fig. 173. Detalle del ensamble mediante clavijas

Estantería n.º 23

Botellero

Las botellas deben almacenarse en el lugar apropiado y en posición horizontal para que el corcho esté siempre húmedo y el aire no estropee el vino.

Las botellas se encuentran encajadas en cavidades a medida que impedirán que se muevan.

Operaciones

1. Cortar la madera según el diseño y la lista de piezas (fig. 174 y 175).
2. Cortar con la sierra de corona o con la sierra de calar los huecos correspondientes al diámetro de la botella.
3. Marcar y taladrar los agujeros de la unión con clavijas.
4. Avellanar los agujeros antes de introducir los tornillos.
5. Lijar bien las piezas antes de encolarlas.
6. Montar cada uno de los dos bastidores y, a continuación, encolarlos y dejarlos secar.
7. Pulir y barnizar todas las piezas (bastidores y estantes).
8. Atornillar los listones para formar los estantes y completar la estantería.

Nota: Antes de montar la estantería, es necesario barnizar todas las piezas y darles el acabado deseado.

		PIEZAS				
n.º	pieza	cantidad	largo	ancho	grueso	material
1	montante	4	900	50	25	pino o abeto 2.ª clase
2	traviesa	4	250	50	25	pino o abeto 2.ª clase
3	estante (3 listones)	3	1.300	100	25	pino o abeto 2.ª clase
4	traviesa frontal botellero	4	1.200	70	25	pino o abeto 2.ª clase
5	traviesa posterior botellero	4	1.200	70	25	pino o abeto 2.ª clase

Nota: Todas las dimensiones van indicadas en milímetros.

INSTRUCCIONES Y MONTAJE

ACCESORIOS

■ Cola blanca de carpintero.

■ Clavijas de madera de haya de 8 mm y tornillos de hierro de cabeza plana de 20 x 40.

■ Barniz tapaporos y cera incolora de acabado.

Fig. 174. Modelo

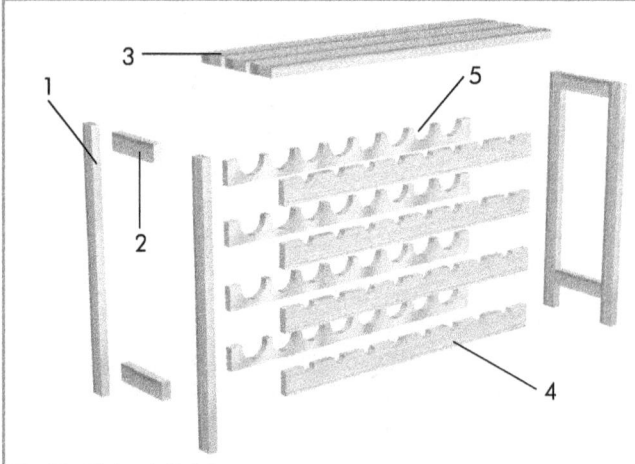

Fig. 175. Despiece

Estantería n.º 24

Operaciones

1. Dibujar el alzado de un módulo a escala natural y, a continuación, calcular las dimensiones de las piezas y preparar un croquis de cada una de ellas.
2. Cortar la madera según el diseño y la lista de piezas (figs. 176 y 177). Si se prefiere, pueden encargarse en un establecimiento especializado.
3. Cortar con la sierra de calar el bisel correspondiente de las testas de las piezas. También puede hacerse con la sierra tronzadora, siempre y cuando se incline el cabezal en el ángulo conveniente.
4. Marcar y taladrar los agujeros de la unión con clavijas de 6 mm de diámetro.
5. Lijar bien las piezas antes de encolarlas.
6. Montar, encolar el conjunto (figura 178) y dejarlo fraguar el tiempo necesario.
7. Pulir y barnizar cada uno de los módulos antes de ensamblarlos.
8. Atornillar los módulos entre sí y fijar el conjunto a la pared, procurando que quede bien alineado.

		PIEZAS				
n.º	pieza	cantidad	largo	ancho	grueso	material
1	costado	6	300	300	22	pino o abeto 2.ª clase

Nota: Todas las dimensiones van indicadas en milímetros. Las indicaciones de esta tabla se refieren a un solo módulo.

ACCESORIOS

- Cola blanca de carpintero.
- Clavijas de madera de haya de 6 mm.
- Barniz tapaporos y cera incolora de acabado.
- Tornillos, tacos o placas soporte para fijación a la pared.

INSTRUCCIONES Y MONTAJE

Fig. 176. Modelo

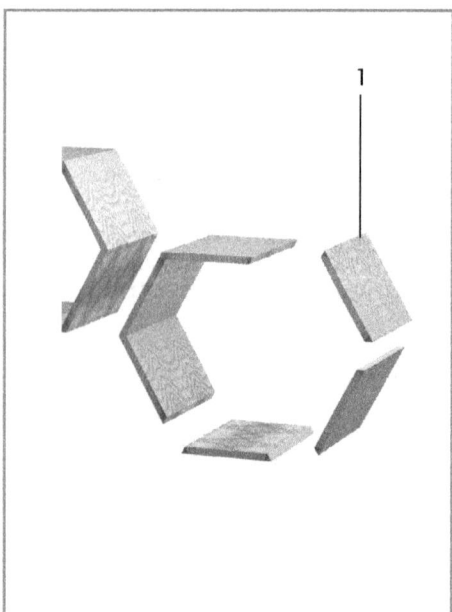

Fig. 177. Despiece

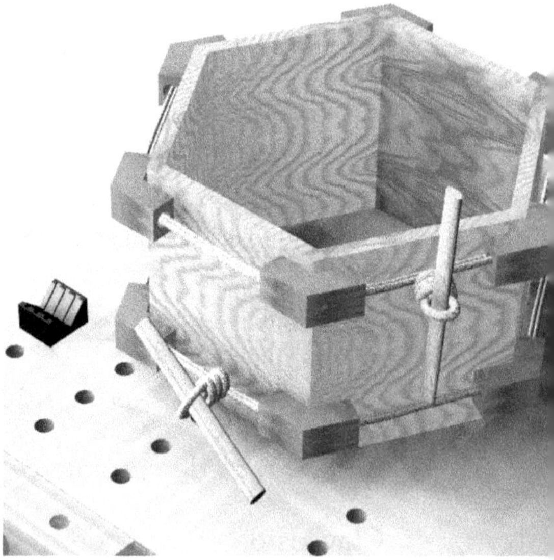

Fig. 178. Detalle del encolado de los módulos hexagonales

Estantería n.º 25

Las maderas macizas son más agradables de trabajar, pero resultan más caras y presentan problemas de estabilidad, ya que tienden a combarse a causa de las alteraciones y los cambios de temperatura y de humedad.

En el baño el principal problema es la humedad. Por ello los materiales más recomendables son los laminados plásticos y las maderas como la teca, siempre y cuando se aplique un barniz resistente al agua.

Operaciones

1. Preparar y cortar la madera según el diseño y la lista de piezas (figuras 179 y 180).
2. Marcar y taladrar los agujeros de la unión con clavijas.
3. Lijar las piezas antes de encolarlas.
4. Montar y encolar mediante clavijas los dos armazones laterales (fig. 181).
5. Encolar el armazón de los cinco estantes.
6. Encolar el conjunto.
7. Pulir y barnizar la estantería con barniz de poliuretano o barniz marino.

		PIEZAS				
n.º	pieza	cantidad	largo	ancho	grueso	material
armazón de la estantería (1.950 x 490)						
1	montante	4	1.950	45	45	pino 2.ª clase
2	traviesa	20	400	45	35	pino 2.ª clase
armazón de los estantes (5 de 410 x 410)						
3	larguero	25	410	45	25	pino 2.ª clase
4	traviesa intermedia	40	68	45	25	pino 2.ª clase

Nota: Todas las dimensiones van indicadas en milímetros.

ACCESORIOS

- Cola blanca de carpintero.
- Clavijas de madera de haya de 8 mm.
- Barniz tapaporos y cera incolora de acabado.

INSTRUCCIONES Y MONTAJE

Fig. 179. Modelo

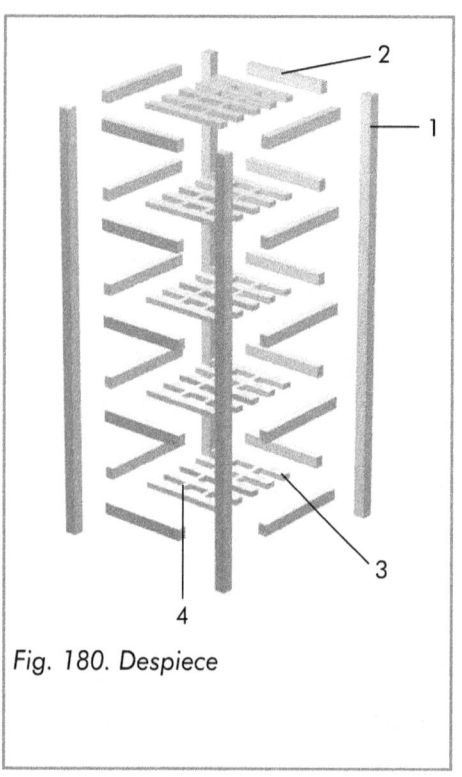

Fig. 180. Despiece

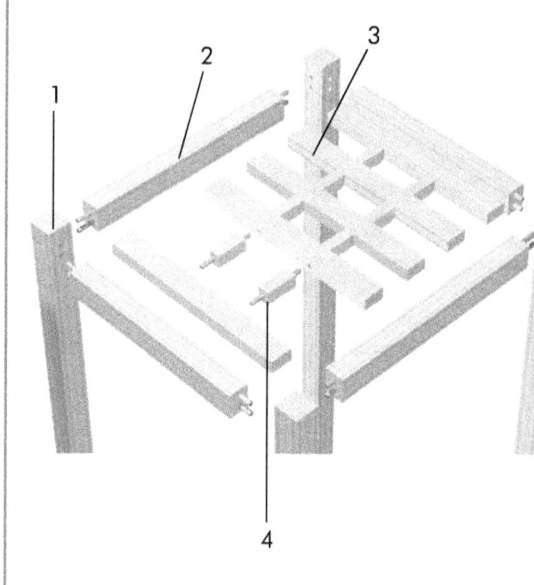

Fig. 181. Detalle del ensamblaje mediante clavijas

158

www.ingramcontent.com/pod-product-compliance
Lightning Source LLC
Chambersburg PA
CBHW080639170426
43200CB00015B/2890